who?

글 이동규

1988년 주간만화 신인상으로 만화계에 입문했습니다. 1990년 서울만화상에 입선하고, 1994년 소년 조선일보에 〈헬로 뚝딱이〉를 연재했습니다. 현재 신라대학교 만화 애니메이션 디자인과에서 학생들을 가르치고 있습니다. 주요 작품으로 《명랑 금병매》, 《똥 눌 때 보는 만화》, 《프로야구 퀴즈 특급》 등이 있습니다.

그림 오천년

어린이를 위한 교양 학습 만화를 그리고 있습니다. 주요 작품으로 《한국사》, 《멘토 반기문》, 《세종 장영실》, 《마음이 2》 등이 있습니다.

감수 경기초등사회과연구회
진로 탐색 감수 이랑(한국고용정보원 전임연구원)
추천 송인섭(숙명 여자 대학교 명예 교수)

 **세계 인물**

마리아 몬테소리

개정판 1쇄 인쇄 2024년 11월 15일
개정판 1쇄 발행 2025년 1월 1일

글 이동규 **그림** 오천년

펴낸이 김선식
펴낸곳 다산북스

부사장 김은영
어린이사업부총괄이사 이유남
책임편집 박세미 **디자인** 김은지 **책임마케터** 김희연
어린이콘텐츠사업1팀장 박정민 **어린이콘텐츠사업1팀** 김은지 박세미 강푸른
마케팅본부장 권장규 **마케팅3팀** 최민용 안호성 박상준 김희연
편집관리팀 조세현 김호주 백설희 **저작권팀** 이슬 윤제희 **제휴홍보팀** 류승은 문윤정 이예주
재무관리팀 하미선 김재경 임혜정 이슬기 김주영 오지수
인사총무팀 강미숙 이정환 김혜진 황종원
제작관리팀 이소현 김소영 김진경 최완규 이지우 박예찬
물류관리팀 김형기 김선민 주정훈 김선진 한유현 전태연 양문현 이민운

출판등록 2005년 12월 23일 제313-2005-00277호
주소 경기도 파주시 회동길 490
전화 02-704-1724 **팩스** 02-703-2219
다산어린이 카페 cafe.naver.com/dasankids **다산어린이 블로그** blog.naver.com/stdasan
종이 신승INC **인쇄** 북토리 **코팅 및 후가공** 평창피앤지 **제본** 대원바인더리

ISBN 979-11-306-5829-2 14990

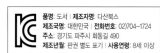

품명: 도서 | **제조자명:** 다산북스
제조국명: 대한민국 | **전화번호:** 02)704-1724
주소: 경기도 파주시 회동길 490
제조년월: 판권 별도 표기 | **사용연령:** 8세 이상
※ KC마크는 이 제품이 공통안전기준에 적합하였음을 의미합니다.

마리아 몬테소리

Maria Montessori

다산
어린이

자신만의 멘토를 만날 수 있는
who? 시리즈

　　다산어린이의 〈who?〉 시리즈는 어린이들은 물론 어른들에게도 재미와
감동을 주는 교양 만화입니다. 〈who?〉 시리즈는 전 세계 인류에 영향력을
끼친 인물들로 구성되었으며 인물들의 삶과 사상을 객관적으로 전해
줍니다.

　　이처럼 다양한 나라와 분야에서 활약한 위인들의 이야기를 통해 과학,
예술, 정치, 사상에 관한 정보는 물론이고, 나라별 문화와 역사까지 배우게
될 것입니다. 〈who?〉 시리즈의 가장 큰 장점은 위인들이 그들의 삶에서
겪은 기쁨과 슬픔, 좌절과 시련, 감동을 어린이들이 함께 느낄 수 있다는
것입니다. 어린이들은 이 책을 읽으면서 폭넓은 감수성을 함양하게 됩니다.

　　〈who?〉 시리즈의 어린이 독자들이 책 속의 위인들을 통해 자신만의
멘토를 만나 미래의 세계적인 리더로 성장하기를 진심으로 응원합니다.

존 덩컨 미국 UCLA 동아시아학부 교수

존 덩컨(John B. Duncan) 교수는 한국학 분야의 세계적인 석학으로
미국 UCLA 한국학 연구소 소장 및 동 대학의 동아시아학부 교수를
겸직하고 있습니다. 하버드 대학교 교환 교수와 고려 대학교 해외
교육 프로그램 연구센터장을 역임했으며, 주요 저서로는
《조선 왕조의 기원》, 《조선 왕조의 시민 행정의 제도적 기초》 등이
있습니다.

세상을 더 나은 곳으로 만든
사람들의 이야기

어린이들은 자라면서 수많은 궁금증을 가지게 됩니다. 그중에서도 "저 사람은 누굴까?"라는 질문은 종종 아이들의 머릿속을 온통 지배해 버리기도 합니다. 다산어린이에서 출간된 〈who?〉 시리즈는 그런 궁금증을 해결해 주기 위해 지구촌 다양한 분야의 리더들을 소개하고 있습니다.

〈who?〉 시리즈에 등장하는 인물들은 인종과 성별을 넘어 세상을 더 나은 곳으로 만든 사람들입니다. 어린이들은 이 책에서 디지털 아이콘으로 불리는 스티브 잡스는 물론 니콜라 테슬라와 같은 천재 발명가를 만날 수 있습니다.

책 속 주인공들의 어린 시절 이야기를 통해 도전과 성취감을 함께 맛보고, 그들과 함께 성장하면서 스스로 창조적이고 인류에 도움이 되는 사람이 되겠다는 포부와 자신감을 갖게 될 것입니다.

〈who?〉 시리즈 속에서 다채롭고 생동감 넘치는 위인들의 이야기를 만나 보세요.

에드워드 슐츠 하와이 주립 대학교 언어학부 교수

에드워드 슐츠(Edward J. Shultz) 하와이 주립 대학교 언어학부 교수는 동 대학의 한국학센터 한국학 편집장을 역임한 세계적인 석학입니다. 평화봉사단 활동의 하나로 한국에서 영어 교사로 근무한 경험이 있으며, 현재 한국과 미국, 일본을 오가며 활발한 활동을 펼치고 있습니다. 저서로는 《중세 한국의 학자와 군사령관》, 《김부식과 삼국사기》 등이 있고, 한국 중세사와 정치에 대한 다수의 기고문을 출간했습니다.

미래 설계의 힘을 얻는 길이 여기에 있습니다

어린이가 성장하는 시기에는 스스로 미래를 설계하며 다양한 책을 접하는 경험이 필요합니다.

어린 시절 만난 한 권의 책이 인생에 미치는 영향이 얼마나 큰지는 꿈을 이룬 사람들의 말을 통해서 알 수 있습니다. 빌 게이츠는 오늘날 자신을 만든 것은 동네의 작은 도서관이었다고 말하고, 오프라 윈프리는 어린 시절 유일한 친구는 책이었음을 고백하며 독서의 중요성에 대해 이야기합니다.

꿈을 이룬 사람들의 공통점은 또 있습니다. 그들에게는 어린 시절, 마음속에 품은 롤 모델이 있었습니다. 여러분의 롤 모델은 누구인가요? 〈who?〉 시리즈에서는 현재 우리 어린이들이 가장 닮고 싶어하는 롤 모델을 만날 수 있습니다. 버락 오바마, 빌 게이츠, 조앤 롤링, 스티브 잡스 등 세상을 바꾼 사람들의 감동적인 이야기를 담은 〈who?〉 시리즈는 어린이들이 구체적인 목표를 설정하고 희망찬 비전을 세울 수 있도록 도와줄 친구이며 안내자입니다. 〈who?〉 시리즈를 통하여 자신의 인생 모델을 찾고 미래 설계의 힘을 얻을 수 있습니다.

송인섭 숙명 여자 대학교 명예 교수

숙명 여자 대학교 명예 교수이자 한국영재교육학회 회장으로 자기주도학습 분야의 최고 권위자입니다. 한국교육심리연구회 회장, 한국교육평가학회 회장, 한국영재연구원 원장을 역임했습니다. 자기주도학습과 영재 교육의 이론을 실제 교육 현장에 적용하기 위해 노력하고 있습니다.

평생을 이끌어 줄
최고의 멘토를 만날 수 있는 책

10대에 가장 중요한 것은 무엇일까요? 학과 공부와 입시일까요? 우리나라 최초의 국제회의 통역사로 30년 동안 활동하면서 글로벌 리더들을 만날 기회가 수없이 많았던 저는 대한민국의 초등학생들에게 특별한 조언을 해 주고 싶습니다. 그것은 큰 꿈을 가지는 것이 무엇보다 중요하다는 것입니다.

꿈은 힘들고 지칠 때 나를 이끌어 주는 힘이고 내 인생의 주인이 되어 일어설 수 있게 하는 원동력이 되어 줍니다. 꿈이 있는 아이가 공부도 잘하고 결국 그 꿈을 실현할 수 있게 되는 것입니다. 저 역시 어린 시절 품었던 꿈이 지금의 자리에 있게 한 원동력이었습니다. 남들이 모르는 큰 꿈을 마음속에 간직하고 있었기에 괴롭고 힘들어도 포기하지 않고 다시 일어설 수 있었습니다.

어린 시절 저에게도 힘들고 지칠 때마다 용기를 불어넣어 주고 힘이 되어 주었던 분들이 있었습니다. 지금의 자리로 저를 이끌어 준 멘토들처럼 〈who?〉 시리즈에서 여러분의 친구이자 형제, 선생이 되어 줄 멘토를 만날 수 있기를 바랍니다.

최정화 한국 외국어 대학교 교수

우리나라 최초의 국제회의 통역사로 현재 한국 외국어 대학교 통번역 대학원 교수로 재직 중입니다. 세계 무대에서 자신의 꿈을 이룬 여성 신화의 주인공으로, 역시 세계에서 꿈을 펼치려고 하는 청소년들에게 멘토로서의 역할을 충실히 하고 있습니다. 저서로는 《외국어 내 아이도 잘할 수 있다》, 《외국어를 알면 세계가 좁다》, 《국제회의 통역사 되는 길》 등이 있습니다.

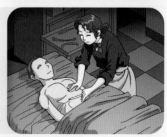

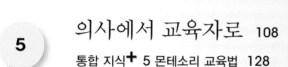

- 이름: 마리아 몬테소리
- 생몰년: 1870~1952년
- 국적: 이탈리아
- 직업·활동 분야: 의사, 교육가
- 주요 업적: 이탈리아 최초의 여의사, 몬테소리 교육법 창시자

마리아 몬테소리

이탈리아 최초의 여자 의사라는 큰 타이틀을 가진 인물입니다. 어려서부터 세상에 꼭 필요한 사람이 되겠다는 생각으로 많은 반대를 무릅쓰고 의대에 진학했어요. 정신과에서 어린이 환자들을 직접 돌보다가 교육으로 아이들이 바뀔 수 있다는 걸 깨닫게 되었지요. 의사에서 교육자로 변신한 몬테소리의 삶을 들여다볼까요?

클라라

몬테소리의 가장 친한 친구예요. 척추 장애로 몸은 불편하지만, 누구보다
따뜻한 성품을 가졌지요. 몬테소리와 서로 힘들 때마다 큰 격려가
되었답니다. 나중에는 몬테소리의 부탁으로 로마에서 어린이집을
운영하기도 했어요.

마리오 몬테소리

마리아 몬테소리의 아들입니다. 갑작스러운 임신으로 아이를 직접 키우지
못하고 양부모에게 아이를 맡겼어요. 마리아가 마리오에게 미안한 마음을
갚고자 어린이를 위한 연구에 몰두한 계기가 되기도 했지요. 나중에는 함께
지내며 미국으로 강연을 하러 다녔어요.

들어가는 말

- 여학생이 의대에 들어가는 것을 상상하지도 못했던 시절, 몬테소리는 어떤 마음으로
  의사의 꿈을 키웠는지 지켜보아요.
- 19세기 여성들의 사회적 지위와 어린이에 대한 사회적 분위기를 알아보아요.
- 마리아 몬테소리가 특별한 교육법을 만드는 과정을 통해, 교육학자가 하는 일에 대해
  생각해봐요.

1 당찬 꼬마

마리아 몬테소리는 1870년 8월 31일, 이탈리아 동쪽의 아름다운 항구 도시 안코나에서 태어났습니다.

아버지 알렉산드로 몬테소리와 어머니 레닐데 스테파니 사이에서 태어난 마리아는 부부가 결혼한 지 4년 만에 어렵게 얻은 귀한 자식이었습니다.

당신을 쏙 빼닮은 예쁜 딸이로군.

소중한 우리 아기, 건강하게 자라다오.

이 아이와 함께 더욱 행복하게 살아갑시다.

1873년, 아버지는 직장을 옮기면서 몬테소리의 교육에도 도움이 될 수 있는 환경을 찾아 이탈리아의 중심 도시 로마로 이사를 갔습니다.

여기가 우리나라의 수도인 로마란다.

우리가 살던 작은 항구 안코나와는 비교도 할 수 없이 큰 도시이지.

엄마는 벌써부터 이곳의 생활이 기대되는구나.

당신이 마리아의 교육보다 중요한 건 없다고 늘 말했잖아요!

하지만 아직 마리아는 어리오! 가정 교사는 필요 없다고!

마리아의 부모님은 다정하고 모범적인 부부였습니다. 그러나 때로는 의견 충돌이 있기도 했습니다.

엄마, 아빠…….

싸우지 마세요.

응?

마리아?

우리 딸이
벌써 이렇게 크다니.
엄마 아빠가 널 보며 반성을
하게 되는구나.

착하고
똑똑한
우리 마리아.

넌 분명히
이 세상에 꼭 필요한
사람이 될 거야.

얼마 후, 몬테소리 가족은
4주간의 긴 여름휴가를 보내고
집으로 돌아왔습니다.

그런데 엄마, 저 배고파요.

그래? 조금만 기다려. 짐만 풀고 금방…….

그냥 밥 먼저 먹으면 안 돼요?

뭐?

그래, 알았다. 먼 길을 왔으니 배가 고플 만도 하지.

우리 마리아가 먹을 만한 게 뭐 있을까?

힝, 엄마, 배고파요. 빨리요, 빨리.

그래, 마리아. 지금 준비하고 있잖니. 조금만 참아.

제 배에서 꼬르륵 소리 나는 거 안 들리세요? 얼른 밥 줘요.

아니, 얘가?

아직 어려서 배고픔을 참지 못하는 것은 알겠지만, 음식을 만드는 잠시의 시간도 기다리지 못하다니!

자!

나쁜 버릇을 고쳐 놔야겠어.

여섯 살이 된 마리아는
초등학교에 입학하게 되었습니다.

네가 벌써
학교에 가다니.

교복이 아주
잘 어울리는구나.

헤헤.

학교에 가면 친구들과 사이좋게 지내고, 공부도 열심히 해야 한다.

우리 마리아는 잘할 수 있을 거야. 그렇지?

자, 여기가 네가 다닐 학교란다.

정말 멋져요! 어떤 곳일지 벌써 기대가 되는걸요?

당시에는 많은 어린이들이 학교에 다니지 못했습니다. 형편이 넉넉지 않은 집안에서는 아이들도 모두 일을 도와야 했기 때문입니다.

자, 마리아. 여기부터는 너 혼자 들어가야 해. 학교에는 훌륭한 선생님들이 많이 계신단다. 선생님 말씀을 귀 기울여 듣고, 잘 따르도록 해.

엄마, 제가 학교에 다니다니, 꿈만 같아요!

이탈리아 인구의 절반 이상이 글을 읽고 쓸 줄 몰랐던 당시에, 정식 학교 교육을 받는 것은 특별한 일이었습니다.

뭐라고 쓴 거야?

낸들 아나? 이거야 답답해서 원, 글을 배우든지 해야지!

자, 수업 시간에 배울 교과서란다.

이게 내가 공부할 책이구나.

무슨 내용이 들어 있을까?

우리 언니가 그러는데 읽기, 쓰기, 셈하기를 배운대.

우리는 역사와 지리, *기하학도 함께 배울 거야.

마리아는 호기심이 많았습니다. 그래서 선생님이 가르쳐 주는 내용이 아니라도 책을 읽으며 미리 공부하고, 수업 시간에 스스로 질문하기도 했습니다.

조금 어려울 수도 있지만 꼭 알아야 할 것들이니 모두 열심히 배우도록 해.

선생님, 질문 있어요!

*기하학: 도형이나 공간의 성질에 대해 연구하는 학문

오늘은 연극을 보러 가는 날이란다.

모두 극장으로 이동하렴.

마리아는 혼자만 공부하지 않고 책에서 배운 내용을 친구들에게 친절히 알려 주었습니다. 그래서 친구들 사이에서도 인기가 많아, 반 아이들을 이끌기도 했습니다.

마리아 몬테소리가 맨 앞에서 친구들을 안내해 줄래?

네, 선생님.

호호, 아이들이 마리아의 말을 잘 듣네요.

네, 놀이를 할 때도 마리아가 아이들을 이끌곤 하더라고요.

그래요? 정말 똘똘한 아이네요.

무슨 연극일까?

기대된다!

마리아, 뭐 해?

너 여기까지 책을 들고 온 거야?

응, 못 푼 문제가 있어서. 기다리는 동안 풀어 보려고.

이렇게 어두운데 글씨가 보여?

응, 괜찮아. 이거 다 풀면 너한테도 알려 줄게.

여기까지 와서 공부를 하다니. 정말 못 말린다니까!

그러게. 저런 공붓벌레는 처음 봐.

와아아

와,
시작하나 봐!

벌써? 마지막
장은 나중에
풀어야겠다!

마리아는 언제 어디서든 손에서 책을 놓지 않는 아이였습니다.
또래 친구들보다 빠르게, 많은 지식을 얻게 된 마리아는
배움의 즐거움을 알아 가고 있었습니다.

몬테소리의 성공 열쇠

마리아 몬테소리는 어린이의 특성을 고려한
몬테소리 교육법의 창시자입니다.

열 살 때의 마리아 몬테소리

하나 ⟩ 집중력

마리아 몬테소리는 공부하기를 좋아하는 아주 총명한 학생이었습니다. 특히 수학과 과학을 매우 좋아했습니다. 당시는 여성의 사회 진출이 제한되어 있었고, 여성에게 허락된 직업도 교사뿐이었습니다. 마리아는 이러한 여성 차별적인 사회 분위기에 아랑곳하지 않고 자신이 좋아하는 공부를 열심히 했습니다.

마리아는 연극을 보러 가서도, 공부를 더 하고 싶어서 어두운 객석에 앉아 흐릿한 조명에 의지해 수학 문제를 풀기도 했어요. 이렇게 놀라운 집중력이 있었기에 마리아는 많은 난관을 극복하면서 학업을 계속해 나갈 수 있었습니다.

나중에 로마 대학 정신 병원의 보조 의사로 의사 생활을 시작한 마리아는 거기에서 지내는 지적 장애아들을 집중해서 관찰하다가 아주 중요한 사실을 발견합니다. 단순한 놀이를 하면서 아이들은 점차 감각과 행동이 향상된다는 것이었습니다. 이에 마리아는 이 아이들에게 필요한 것은 격려나 치료가 아니라 교육이라는 것을 깨닫고 어린이 교육에 헌신하는 삶을 살게 됩니다.

어린이의 사소한 행동 하나도 놓치지 않는 그녀의 집중력은 몬테소리 교육법이 탄생하는 데에 중요한 열쇠가 되었습니다.

둘 도전 정신

마리아 몬테소리는 부유한 가정에서 외동딸로 성장했습니다. 그녀의 아버지는 딸이 보수적인 당시 사회에 맞춰, 다른 여성들과 비슷한 삶을 살기를 바랐습니다. 반면에 어머니는 총명한 딸이 공부를 계속해서 자기 길을 개척하는 것을 응원해 주었습니다. 마리아는 교사가 되길 바라는 아버지의 뜻을 거스르고 의사가 되고자 했습니다.

당시 여학생이 의대에 입학하는 것이 금지되어 있었어요. 하지만 마리아는 대학의 입학 허가를 받기 위한 노력을 멈추지 않았습니다. 로마 대학의 의과 대학장인 바첼리 교수는 처음엔 의대를 지원하는 마리아를 거절했었어요. 이에 마리아는 이렇게 말했지요.

마리아 몬테소리의 의과 대학 졸업 사진

"의사는 제가 해야 할 일입니다. 저는 어려서부터 자신의 능력을 다른 사람을 위해 쓰라고 교육받았습니다. 제가 할 수 있는 가장 좋은 일은 의사가 되는 것이라고 생각합니다."

당당히 자신의 의지를 밝힌 마리아는 결국 의대에 입학합니다. 그러나 의대 최초의 여학생으로 공부하는 것은 결코 쉽지 않았어요. 그녀는 대학 생활 동안 여학생을 무시하는 남학생들과 교수들의 편견과 차별, 괴롭힘을 견뎌야 했습니다. 남학생들이 강의실에 모두 앉은 뒤에야 강의실에 들어갈 수 있었고, 해부학 실습에도 참여할 수 없어서 다른 방에서 남학생들이 해부하는 장면을 지켜보거나 따로 혼자서 실습해야 했습니다.

마리아 몬테소리가 졸업한 로마 대학

하지만 마리아는 절대 좌절하지 않았고, 학점을 따기 위해 최선을 다했습니다. 그녀는 마침내 6년 만에 로마 대학 의과 대학을 최우수로 졸업하고, 이탈리아 최초의 여자 의사가 되었습니다.

셋   약자를 사랑하는 마음

마리아 몬테소리의 어린 시절 친구 중에 클라라라는 친구가 있었습니다. 클라라는 척추 장애를 가진 친구였지만, 마리아는 이를 신경 쓰지 않고 차별 없이 지내면서 어른이 되어서도 클라라와의 우정을 이어 나갔습니다. 어릴 때에는 동네 아주머니들이 장애인 친구와 사귀는 마리아를 곱지 않은 시선으로 보면서 흉보고 조롱하는 일도 있었습니다. 마리아의 어머니 역시 딸이 이런 일을 겪는 것에 불안함을 느껴 걱정이 많았습니다. 그러나 마리아는 남들이 놀리는 것에 신경쓰지 않고, 클라라와 계속 친하게 지내고자 했어요.

약자를 사랑하는 마음은 마리아가 의사가 되어 로마 대학 정신 병원에서 지적 장애아들을 돌보게 되었을 때에도 빛을 발합니다. 사실 마리아가 정신과에서 의사 생활을 시작한 것은 여성에 대한 차별로 그녀를 채용하는 병원이 없었기 때문입니다. 하지만 마리아는 이곳에서 성실하게 일하면서 제대로 된 치료는커녕 방치 상태로 격리 수용된 지적 장애아들의 상황을 안타까워하며 그들을 사랑으로 보듬으며 가르쳤습니다. 의과 대학을 다니는 내내 차별을 받은 경험을 가지고 있던 마리아는 힘없고 약한 사람들에게 뭐든지 해 주고 싶었습니다.

또한, 마리아는 당시에 하나의 독립된 인격체로 존중받지 못하는 어린이들의 권리에 대해서도 강조했습니다. 이러한 마음은 가난한 노동자들의 자녀들을 가르치는 '카사 데이 밤비니(어린이의 집)'를 설립하기에 이르렀습니다. 그녀는 의사이자 대학교수였지만 기꺼이 빈민가의 아이들을 돌보는 일에 앞장섰습니다.

어린이와 수업을 하고 있는 마리아 몬테소리

마리아 몬테소리는 이탈리아의 옛 화폐 1,000리라의 주인공이기도 했습니다.

1922년 무솔리니가 이탈리아에 집권하면서 몬테소리
교육은 탄압을 받게 됩니다. 한때 마리아는 무솔리니
아래서 교육 감독관을 지내는 등 정치에 참여하기도
했습니다. 그러나 몬테소리 교육의 목적은 어린이 각자의
개성을 존중하여 독립적인 인간을 만들어 내는 데 있으므로
나라의 이익을 위해서 개인의 자유는 제한받을 수 있다고
생각을 하는 무솔리니의 파시즘과 충돌하게 됩니다.
무솔리니 정권은 세계적인 명사인 마리아의 명성과 영향력을
이용하려고 했지만, 결국 마리아는 예순네 살인 1934년,
무솔리니와 결별하고 조국 이탈리아를 떠났습니다.
몬테소리 교육이 독립적인 인간을 만들어 낸다는
이유로 무솔리니는 몬테소리 학교를 모조리 폐쇄하고
마리아의 책을 불태우기까지 합니다. 그러나
마리아는 이러한 시련에도 굴하지 않고 자신이
옳다고 믿는 교육법을 널리 알리기 위한 활동을
멈추지 않았습니다. 망명 생활 중에도 강연과 저술
활동에 온 힘을 기울였고, 인도에 머무는 동안에는
많은 학교를 설립하기도 했습니다.

망명 중 인도에 머물 때의 마리아 몬테소리.
독재자 무솔리니가 이탈리아를 다스리자,
몬테소리는 이탈리아를 떠나야 했습니다.

네덜란드에 있는 마리아 몬테소리의 묘지

who? 지식사전

마리아 몬테소리의 명언

• "제 손가락은 40년 이상 계속 한곳만을 가리키고 있었습니다. 그러나 많은 사람은 제가 가리키는 곳보다는 제 손가락을
보며 칭찬하기 바빴죠. 여러분께 부탁합니다. 이제부터 제가 가리키는 쪽, 즉 어린이를 바라봐 주세요. 그것이 바로
여러분이 저에게 베푸는 가장 큰 선물일 것입니다."
　(1951년 5월, 런던의 국제 몬테소리 회의에서)
• "어린이의 감춰진 힘을 알아내어 칭찬하고 그 성장을 돕고 보조하겠다는 의도를 가지고 겸손하게 다가가야 합니다.
그렇게 하면 어린이의 진정한 품성이 우리 앞에 드러날 것입니다."

2 마리아의 꿈

학교 다녀왔습니다!

어서 오렴, 우리 딸!

와, 맛있는 냄새! 오늘 무슨 날이에요?

마리아, 아빠가 '코로나 이탈리아'라는 훈장을 받으셨단다.

그래서 기사 *작위를 받게 되셨어.

와, 아빠, 축하드려요!

*작위: 벼슬과 지위를 통틀어 이르는 말

고맙다, 마리아.

마리아가 열 살 때, 마리아의 아버지는 나랏일을 훌륭히 해낸 공로로 기사 작위를 받게 되었습니다. 당시 이탈리아에는 정치가나 사업가들이 큰 공을 세웠을 때 기사 작위를 내려 칭찬하는 관습이 있었습니다.

그래서 오늘은 엄마가 특별한 음식을 준비했어. 맛있게 먹으렴.

마리아, 학교 공부는 재미있니?

네, 저는 수학이 제일 좋아요.

여보, 마리아의 성적도 점점 좋아지고 있어요.

그래?

하지만 아무리 성적이 좋다 해도 여자들이 할 수 있는 일이 많지 않은걸?

마리아도 어른이 되면 집안일을 하며 아이들을 돌봐야 할 거요.

아니에요. 저는 공부를 더 많이 해서 훌륭한 사람이 될 거예요.

그럼 우리 마리아는 선생님이 되어야겠구나.

왜요? 왜 꼭 선생님이죠?

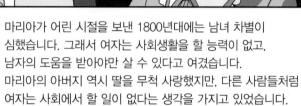

마리아가 어린 시절을 보낸 1800년대에는 남녀 차별이 심했습니다. 그래서 여자는 사회생활을 할 능력이 없고, 남자의 도움을 받아야만 살 수 있다고 여겼습니다. 마리아의 아버지 역시 딸을 무척 사랑했지만, 다른 사람들처럼 여자는 사회에서 할 일이 없다는 생각을 가지고 있었습니다.

여자가 사회에서 인정받으며 할 수 있는 일은 선생님뿐이잖니.

여보, 그건 마리아가 더 큰 다음에 생각해도 늦지 않아요.

그래요.

선생님이 되어야 한다고?

지난주에는 이탈리아의 위대한 예술가인 *레오나르도 다빈치에 대해 배웠지?

역사 속에는 다빈치처럼 다양한 분야에서 뛰어난 업적을 남긴 사람들이 많이 있단다.

이번 시간에는 그중에서도 훌륭한 여성들의 이야기를 해 볼까?

*레오나르도 다빈치: 이탈리아의 화가이자 조각가, 발명가, 건축가, 기술자로 다방면에 걸쳐 많은 업적을 남긴 예술가.

머릿속에 떠오르는 여성 위인이 있으면 자유롭게 말해 보렴.

남자가 아닌 여자도 위인이 있었나?

프랑스의 잔 다르크가 있잖아.

이집트의 클레오파트라 여왕도 있어.

그래, 영국의 엘리자베스 여왕도 있고!

우리나라의 마르게리타 여왕님도 계셔.

모두 잘 이야기해 주었어. 그렇게 수많은 여성 위인 중에 오늘 선생님이 알려 주고 싶은 인물은 '교회의 박사'라 불리는 시에나의 카타리나라는 여성이란다.

시에나의 카타리나는 가난하고 몸이 아픈 사람을 위해 평생을 바친 사람이야.

카타리나는 좋은 집안에서 태어나 부족한 것이 없이 자랐단다.

부모님은 카타리나가 귀족에게 시집을 가서 편히 살길 바랐지.

저희 엄마도 커서 좋은 집안에 시집가야 한다고 늘 말씀하세요.

어? 우리 아빠도 그러셨는데.

학교를 졸업해야 더 좋은 남자를 만날 수 있다고 열심히 공부하라고 하셨어.

우리 아빠랑 똑같네. 어른들의 마음은 모두 같은가 봐.

하지만 아무리 성적이 좋다 해도 여자들은 할 수 있는 일이 많지 않은걸?

마리아도 어른이 되면 집안일을 하며 아이들을 돌봐야 할 거요.

하지만 카타리나는 부모님의 바람과 달리 자신이 하고 싶은 일을 찾아 나섰어.

그래서 열여섯 살이 되던 해에 수도원으로 들어가 간호사가 되었단다.

그곳에서 암이나 전염병에 시달리는 환자들을 정성을 다해 돌보고,

사치스럽게 살고 있던 성직자들의 재산을 빼앗아 가난한 사람들에게 나눠 주었지.

힘없는 사람들을 위해 봉사한 카타리나는 서른세 살의 젊은 나이로 안타깝게 세상을 떠났단다.

여자라서 할 수 없는 일은 없어. 선생님은 너희가 큰 꿈을 가져서 꼭 훌륭한 사람이 되었으면 좋겠구나.

마리아는 선생님이 들려주신 시에나의 카타리나 이야기를 듣고 감동을 받았습니다.

선생님!

그래, 마리아. 무슨 일이니?

하느님, 제발 마리아를
데려가지 마세요.

엄마, 저 이제
괜찮아요.

엄마가 늘 제게
하셨던 말, 기억하세요?
세상에서 꼭 필요한 사람이
될 거라고요.

그래서 저는 아직
죽을 수 없어요.

열 살 때, 마리아는 이유를
알 수 없는 큰 병에 걸려
죽을 뻔한 위기를 넘겼습니다.
이날 죽음의 문턱에서 돌아온
딸의 말을 들은 부모님은
마리아가 커서 남다른 삶을
살 것을 예감했습니다.

몬테소리의 나라, 이탈리아

이탈리아 지도

이탈리아는 유럽의 중남부에 있는 나라로 지중해에서
튀어나와 있는 장화 모양의 이탈리아 반도와 그
부근의 섬으로 이루어져 있습니다. 겨울철에도 따뜻한
지중해식 기후이며, 북쪽은 알프스 산맥을 경계로 하여
프랑스 · 스위스 · 오스트리아와 접하고, 동쪽은 아드리아해,
서쪽은 티레니아해에 닿아 있습니다. 로마 시대 이래로
그리스와 함께 서양 문명의 뿌리가 되었던 나라로, 고대
로마의 유적과 르네상스(신 중심이 아닌, 인간 중심의
문화로 돌아가자는 14~16세기의 문화 운동) 시기의 미술품,
건축물 등이 많아 세계적인 관광지가 되고 있습니다. 석유와
천연가스 등의 지하자원이 나며, 밀과 쌀, 낙농(젖소나 염소를
길러 그 젖을 이용하는 산업) 제품을 많이 생산합니다.

수도: 로마
언어: 이탈리아어
종교: 가톨릭(98퍼센트), 기타(2퍼센트)
면적: 301,340제곱킬로미터(한반도의 약 1.36배)
인구: 약 5,800만 명(2023년 기준)
주요 도시: 로마, 밀라노, 나폴리, 베네치아, 볼로냐, 제노바
화폐 단위: 유로

who? 지식사전

레오나르도 다빈치

레오나르도 다빈치

레오나르도 다빈치(1452~1519년)는 르네상스 시대의 이탈리아를 대표하는 천재 화가이자
조각가 · 과학자 · 건축가입니다. 피렌체 출신으로, 〈암굴의 성모〉, 〈모나리자〉, 〈최후의 만찬〉 등
위대한 회화 작품을 많이 남겼습니다. 음악과 해부학에서도 큰 업적을 남겼으며, 다양한 분야에
걸쳐 독창적인 연구와 발명을 했습니다.

하나 　 몬테소리가 살던 시기의 이탈리아

1861년 이탈리아 왕국이 성립되기 전까지 이탈리아는
여러 나라로 분열되어 있었습니다. 그러다 18세기 말
프랑스 혁명의 영향으로 이탈리아에서도 자유 민주 국가를
건설하자는 의식이 싹트기 시작했습니다. 이에 이탈리아
통일의 영웅으로 불리는 가리발디 장군과 마치니, 사르데냐
왕국의 왕 에마누엘레 2세, 카보우르의 활약으로 이탈리아
왕국이 수립되었습니다. 그러나 그동안 각기 다른 문화
속에서 살아온 이탈리아 사람들은 쉽게 통합되지 못했습니다.
게다가 이탈리아는 남북 간의 빈부 격차가 매우 심했기 때문에
싸움이 많이 일어나고 있었습니다.

카보우르(1810~1861년)는 이탈리아의
통일에 주요한 역할을 했습니다.

유럽의 여러 나라가 전쟁을 벌인 제1차 세계 대전
때 이탈리아는 처음에는 어느 쪽의 편도 들지
않았다가 나중에 영국, 프랑스, 러시아 등이 속해
있는 연합국 측에 가담했습니다. 전쟁은 연합국의
승리로 끝났지만, 이탈리아는 승전국(전쟁에서
이긴 나라)으로서의 대가를 거의 받지 못했습니다.
이탈리아는 정치·경제적으로 큰 혼란에 휩싸여
실업자가 늘고 파업이 끊이지 않았습니다.

제1차 세계 대전에 연합군으로 참전한 이탈리아 군인들

이런 분위기 속에서 하나의 이념 아래 모든 사람이 복종,
단결해야 한다는 파시즘을 내세운 무솔리니가 등장하게
됩니다. 자본가 세력의 지지를 등에 업은 무솔리니와 그가
이끄는 파시스트당은 1922년, 이탈리아를 손에
넣습니다. 이후 무솔리니는 독일의 독재자 히틀러와
함께 제2차 세계 대전을 일으켰으나 패배했습니다.
이탈리아는 1946년, 국민 투표를 통해 왕이 큰 권한을
가지는 군주제를 폐지하고 선거를 통해 지도자를 뽑는
공화국이 되어 오늘날에 이르고 있습니다.

이탈리아 국기

55

둘 이탈리아의 대표 도시

로마

이탈리아의 수도입니다. 이탈리아 반도의 중서부에 있으며, 테베레강 하류에 접한 일곱 개의 언덕을 중심으로 자리 잡고 있습니다. 전설에 따르면 기원전 753년에 로물루스 왕이 만든 도시라고 합니다. 고대로부터 현대에 이르기까지 유적이 많아 세계적인 관광 도시이기도 합니다. 시내에는 교황이 거주하는 곳인 '바티칸 시국'이 있습니다.

로마의 콜로세움. 로마에는 고대 유적이 많아 관광지로도 유명합니다.

밀라노

예로부터 교통의 요지이며, 이탈리아 제1의 상업 · 공업 · 금융 도시입니다. 문화재와 문화 시설이 많아 관광의 중심지이기도 하며 도시의 이름을 딴 세계적인 패션쇼가 열릴 만큼 유럽 문화의 중심 역할을 하고 있습니다. 밀라노 성당과 유럽 3대 오페라 극장 중 하나인 스칼라 극장이 있습니다.

피렌체

이탈리아 중부에 있는 도시입니다. 15세기에 르네상스의 중심지였으며, 그 시기의 건축과 예술 작품이 많이 남아 있어 유네스코 세계 문화유산으로 선정되었습니다. 1865년부터 1870년까지 이탈리아 왕국의 수도였습니다. 우피치 미술관과 산 로렌초 성당 등이 대표적인 관광지입니다.

베네치아

이탈리아 베네치아 전경. 베네치아는 '물의 도시' 라고 불립니다.

'물의 도시'라 불리는 이탈리아 북부 아드리아해 북쪽 해안에 있는 항구 도시입니다. 118개의 작은 섬으로 이루어졌으며, 섬과 섬 사이의 수로를 교통로로 이용하여 독특한 시가지를 이루고 있습니다. 관광업과 유리 및 섬유 제조업이 발달했으며, 산 마르코 대성당과 두칼레 궁전 등이 유명합니다.

우리나라와 이탈리아의 관계는 13세기, 이탈리아 여행가 마르코 폴로가 《동방견문록》에서 우리나라를 '고려(Cauli)'라는 이름으로 소개한 것에서 시작되었습니다. 이후 16세기 말, 마테오 리치 등 일본과 중국에서 선교 활동을 하던 예수회 선교사들을 통해 조선에 대한 정보가 이탈리아에 소개되었고, 조선에는 서양의 학문과 사상이 전해졌습니다.

그러나 두 나라가 정식으로 직접적인 교류를 시작한 것은 19세기 후반, 1886년 조이 수호 통상 조약에 서명하면서부터입니다. 그러다 1905년 을사조약으로 우리나라가 일본에 외교권을 뺏기면서 이탈리아와의 외교 관계도 끊어졌습니다.

이후 6·25 전쟁 때 이탈리아는 국제 연합군의 일원으로 우리나라에서 의료 지원과 구호 활동을 펼쳤습니다. 대한민국 정부 수립 이후 1956년 11월, 우리나라와 이탈리아는 정식으로 수교(나라와 나라 사이에 관계를 맺음)를 맺었으며, 그 이후로 우호적인 관계를 유지해 오고 있답니다.

마테오 리치(1552~1610년)는 이탈리아의 선교사로, 조선을 이탈리아에 소개했습니다.

who? 지식사전

이탈리아의 천문학자, 갈릴레오 갈릴레이

갈릴레오 갈릴레이(1564~1642년)는 르네상스 말기의 물리학자이자 천문학자, 수학자입니다. 피사의 사탑에서 실험을 통해 높은 곳에서 떨어지는 물체는 일정한 속도로 빨라진다는 사실을 밝혔지요. 1609년에는 망원경을 제작하여 달의 산과 계곡, 태양의 흑점, 목성의 위성, 토성의 띠 등을 발견했습니다. 그러나 지구가 태양의 주위를 돈다는 지동설을 주장하여 교황청으로부터 종교 재판을 받기도 했습니다. 이때 "그래도 지구는 돈다."고 중얼거렸다는 유명한 일화가 전해지기도 합니다. 그는 《천문대화》, 《신과학대화》 등의 저서를 남겼습니다.

갈릴레오 갈릴레이

3 의사가 되고 싶어요

마리아는 시간이 날 때마다 로마 시내에 있는 도서관과 박물관에 다녔습니다.
학교에서는 배울 수 없는 다양한 역사와 문화를 접할 수 있었기 때문입니다.

*꼽추: 척추 장애인(척추에 장애가 있어 등이 굽고 큰 혹 같은 것이 불룩 튀어나온 사람)을 낮잡아 이르는 말

난 클라라라고 해.

이렇게 만난 두 사람은
친한 친구가 되었습니다.

클라라는 *척추에 장애가 있어 등이 굽은 장애인이었습니다.
일반 사람들은 그런 클라라를 피했지만, 몸이 불편한 사람들에 대한
편견이 없었던 마리아는 클라라와 가깝게 지내며 우정을 나누었습니다.

마리아,
왜 그러니?

공원에서 클라라와
놀고 있는데 지나가는
아주머니들이 우리를
보고 수군대잖아요.

* 척추: 머리뼈 아래에서 엉덩이까지 이어지는 뼈

어머, 저 아이는 누구죠? 꼽추와 어울리고 있잖아요?

몬테소리 가문의 아이인 것 같은데요?

세상에! 부모가 어떻게 교육을 시키기에 저런 불쌍하고 보기 흉한 아이와 어울려 다니는 거죠?

클라라는 그런 말을 듣고도 참더라고요. 저는 당장이라도 그 아주머니들에게 한마디 하고 싶었지만 클라라를 생각해서 꾹 참았어요.

부들 부들

마리아, 네가 화난 거 이해한다. 사람들은 단지 몸이 불편하다는 이유만으로 클라라 같은 사람들을 손가락질하지. 그리고 함께 있는 것조차 부끄럽다 생각해.

네, 그래서 슬퍼요.

저는 클라라같이 약한 사람들에게 더 관심을 가져야 한다고 생각해요.

마리아, 네 말이 맞아.

지금 그 생각대로 커서도 약한 사람을 이해하고 도우며 살아야 한다.

네, 남들이 저를 놀리는 것은 중요하지 않아요. 클라라가 얼마나 좋은 친구인데요.

마리아, 너의 이런 당당함이 나중에 널 힘들게 할까 걱정되는구나.

이 사회는 너 같은 여자아이를 곱지 않은 눈으로 보거든······.

너희 아빠는
네가 선생님이 되길
바라신다고 했지?

응, 여자에게는
교사만큼 좋은 직업이
없다고 말이야.

그런데 난 그 말이 잘
이해되지 않아. 왜 여자는
할 수 있는 일이 정해져
있는 거야?

안 돼!

무슨 소리지?

살려 주세요!

뭐?

일반 학교가 아닌 기술 학교에 가겠다니, 그게 무슨 소리냐? 교사가 되려면 일반 학교에 가야 해.

아빠, 저는 교사가 되지 않을 거예요.

뭐라고? 여자에게는 교사만 한 직업이 없다니까!

전 대학에 가서 의학을 전공할 거예요.

마리아는 열세 살이 되던 1883년,
초등학교를 마치고 중학교에 입학했습니다.
원하던 대로 일반 학교가 아닌 기술 학교였습니다.

Michelangelo
Buonarroti
Regia
Scuola
Tecnica

여기가 그 유명한 미켈란젤로
기술 학교구나! 어떤 재미있는
것들을 배우게 될지 기대된다.

미켈란젤로 기술 학교에는 여학생이 거의
없었습니다. 마리아는 선생님들의 관심을
한 몸에 받으며 학교생활을 했습니다.

이번에 입학한
마리아 몬테소리라는
여학생 말이에요.

성적도 우수하고
노력하는 학생이더군요.
수업 태도도 아주 좋아요.

기술 학교에서 마리아는 지리학, 수학,
미술, 고전 문학 등을 배웠습니다.
하고 싶은 공부를 마음껏 할 수 있게 된
마리아는 모든 과목에서 좋은 성적을
거두었습니다.

새로 배우는 것들은
하나같이 흥미로워.

역시, 아버지와
끝까지 싸우길
잘했어.

아, 벌써 수업 시작할
시간이네? 다음 시간은 내가
좋아하는 생물이다.

모든 생물은 환경에
적응하면서 살아왔단다.

기술 학교에서 새로운
공부를 하게 된 마리아는
수학에 이어 생물에 많은
관심을 갖게 되었습니다.

선인장은 사막에서도 살아남기 위해
물이 많이 필요한 잎사귀 대신
가시를 갖게 되었지.

이렇게 환경은
생김새까지 변화시킬
만큼 중요하단다.
식물뿐 아니라 동물과
사람도 마찬가지야.

맞아, 사람도 어떤 곳에서
살게 되느냐에 따라 전혀
다른 인생이 펼쳐지잖아.

몬테소리는 1886년, 우수한 성적으로 기술 학교를 졸업했습니다.

마리아, 수학은 항상 가장 높은 점수를 받는구나.

제가 어렸을 때부터 좋아했던 과목이잖아요.

그런데 요즘은 생물이라는 과목도 재미있더라고요.

생물?

살아 있는 것들이 어떻게 서로 영향을 끼치면서 살아가는지 알려 주는 학문이에요.

엄마, 그런데요, 가장 복잡하고 비밀에 싸인 생물이 뭔지 아세요?

사람이에요. 그래서 저는 사람의 몸에 대해 더 공부하려고 해요.

네, 교수님. 저는 의학을 공부해서 의사가 되고 싶습니다.

몬테소리 양, 의과 대학에 입학하겠다고요?

저에게는 그럴 만한 능력이 충분하다고 생각합니다. 이미 기술 학교에서 많은 준비도 해 왔어요.

꼭 의사가 되고 싶은 이유가 있습니까?

당시 이탈리아에서는 여성의 의과 대학 입학이 허용되지 않았습니다. 그래서 마리아의 입학은 의과 대학의 모든 교수가 팽팽하게 맞서 토론을 벌일 만큼 커다란 사건이었습니다.

이렇게 하는 건 어떨까요?

일단 입학은 허락하는 겁니다. 어차피 견디기 힘들면 스스로 나가지 않겠습니까?

결국 마리아는 이탈리아에서 여자로는 처음으로 의학 공부를 하는 영광을 차지했습니다.

로마 대학은 마리아 몬테소리 양의 의과 대학 입학을 허락합니다.

야호, 해냈어!

19세기 여성들의 생활

몬테소리가 살던 시대의 여성 차별

1940년대 미국의 여성 공장 노동자. 산업 혁명 이후 많은 여성이 일을 시작했으나, 낮은 임금을 받으며 착취당하곤 했습니다.

클라라 체트킨(1857~1933년)은 세계 여성의 날을 만들었습니다.

몬테소리가 태어나기 전 이탈리아에서의 여성 교육은 대부분 가족이나 마을, 교회 등에서 개인적으로 이루어졌습니다. 1896년까지 이탈리아에서는 겨우 30명의 여성만이 대학을 졸업했다는 기록도 있습니다. 그래서 여성들은 사회에서 큰 역할을 하기가 무척 어려웠습니다. 1900년대 초반, 산업 혁명으로 공업이 빠르게 발달하자 집안일만 하던 여성들도 공장 등에서 일하게 되었습니다. 여성들은 낮은 임금을 받으며 고된 공장에서 일할 뿐만 아니라 집안일과 아이를 키우는 일도 맡았습니다.

1900년대 중반에 이르러서는 방직 공장에서 일하는 사람 중 77퍼센트가 여성과 어린아이들이었지만, 그들 대부분은 남성의 절반도 되지 않는 월급을 받으며 아무런 권리도 보장받지 못했습니다. 하루에 12시간이 넘게 일하며 경제를 살리는 데에 큰 역할을 했음에도 불구하고 여성들에게는 선거권이나 노동조합을 만들 자유도 주어지지 않았습니다.

1908년, 미국 뉴욕의 '트라이앵글'이라는 공장에서 여성 노동자 146명이 불에 타 죽는 사건이 발생하였고, 1만 5천여 명의 여성 노동자가 '노동조합 결성의 자유를 보장하라.', '일하는 환경을 개선하라.', '여성에게도 선거권을 달라.', '임금을 올려 달라.'는 구호를 외치며 거리로 나왔습니다.

그로부터 2년 뒤인 1910년, 덴마크 코펜하겐에 모인 세계 여성 노동자들은 독일의 여성 운동가이자 노동 운동가인 클라라 체트킨의 제안에 따라 미국에서 여성 노동자들의 권익을 지키기 위한 운동을 일으킨 3월 8일을 '세계 여성의 날'로 지정했습니다. 그 뒤로 전 세계에서 여성들의 지위 향상과 남녀 차별 철폐, 여성 빈곤 퇴치 등 여성 운동이 활기를 띠기 시작했습니다.

둘 페미니즘 운동에 대하여

페미니즘은 완전한 여성 해방을 목표로, 사회·정치·법률 등 여러 분야에서 여성의 권리를 보장할 것을 주장하는 이념이에요. 페미니즘 운동은 여러 단계를 거쳐 이루어졌습니다.

1세대 페미니스트로 꼽히는 메리 울스턴크래프트
(1759~1797년)

1세대 페미니즘 운동: 페미니즘의 기반을 다진 시기라고 할 수 있습니다. 영국, 프랑스, 미국 등을 중심으로 일어났으며, 사회를 개선하려는 사상과 시민 혁명 등이 그 배경이 되었습니다. 이때 가장 큰 성과는 여성도 정치에 참여할 수 있는 '참정권'을 가지게 되었다는 것입니다.

1세대 페미니즘 운동을 이끈 대표적인 페미니스트 (페미니즘을 주장하는 사람)로는《여성의 권리 옹호》를 쓴 메리 울스턴크래프트와 "여자는 여자로 태어나는 것이 아니라, 여자로 키워질 뿐이다."라고 주장한 시몬 드 보부아르 등이 있습니다. 이들은 기존의 사회 안에서 제도를 개선하여 여성의 권익을 되찾고자 했습니다.

2세대 페미니즘 운동: 세계적 경제 공황과 두 차례의 세계 대전을 겪은 1960년대 이후에 나타난 페미니즘 운동입니다. 이때는 미국의 여성학자 베티 프리단의 책《여성의 신비》가 큰 역할을 했습니다. 이 책은 여성에 대한 잘못된 인식을 바로잡고, 여성들이 나아갈 방향을 제시하는 내용을 담고 있습니다.

미국의 여성학자 베티 프리단
(1921~2006년)

셋   **과거와 달라진 현재 여성의 지위**

우리 사회가 건강해지기 위해서는 남성과 여성의 지위를
동등하게 보장하는 양성평등이 이루어져야 합니다.
실제로 남성과 여성의 차별이 적은 나라들이 일반적으로
경제나 복지 등 여러 면에서 더 많은 발전을 이루어 살기
좋은 사회로 평가받고 있습니다.

현재 세계의 여러 나라는 양성평등을 이루기 위해 많은
노력을 기울이고 있습니다. 그중 대표적인 것이 '여성
할당제'입니다. 여성 할당제는 정치·경제·교육 등의
사회 주요 부문에서 활동할 사람을 뽑을 때, 일정 비율을
여성으로 고용하는 제도입니다. 이 제도를 시행하는
나라에서는 정부의 정책과 법률 제정을 통해 제도가 잘
지켜지도록 감시하고 있습니다.

이러한 노력으로 북유럽 국가의 의회에서 활동하는
여성의 비율은 현재, 약 40퍼센트를 넘어서고 있으며,
남성과 여성의 교육 수준 격차도 이미 사라졌습니다.

전 세계 국가 중에서 여성의 지위가 가장 높은

세계 최초로 여성 대통령으로 선출된 아이슬란드의
비그디스 핀보가도티르

나라로는 북유럽에 위치한 아이슬란드를 꼽을 수 있습니다.
아이슬란드는 세계경제포럼(WEF)이 발표하는 '국가 성 평등
지수' 평가에서 2009년 이후 계속 세계 1위를 기록했으며,
세계 최초로 여성 대통령을 배출한 나라입니다.
아이슬란드 외에 북유럽의 다른 국가인 노르웨이와 핀란드,
스웨덴 등도 국가 성 평등 지수가 높은 나라로, 이를 위해
꾸준히 많은 노력을 하고 있습니다.
여성의 지위가 높아지면서 여자아이들에 대한 관심도
높아졌습니다. 유니세프의 세계 어린이 교육 실태 조사에
따르면, 현재 학교에 다니지 못하는 전 세계 1억 명의 어린이
중 남녀 비율은 거의 같다고 합니다.

전 세계가 양성평등을
위해 노력하고 있고,
이제는 교육 수준의 격차도
줄어들고 있어!

여성의 지위가 낮은 나라들

아프리카의 많은 나라와 이슬람 국가들에서는 아직도 심한 남녀 차별이 이루어지고 있습니다. 양성평등이 가장 이루어지지 못한 나라로는 아라비아 반도 끝에 위치한 이슬람 국가 예멘이 꼽히며, 국민 대부분이 이슬람교를 믿는 사우디아라비아와 파키스탄도 세계적으로 여성의 지위가 낮은 나라로 알려져 있습니다.

특히 이슬람교를 국교로 삼으며 이슬람 율법을 엄격히 따르는 이슬람 문화권에서는 여성을 보호하려는 목적으로 외부 활동을 제한해 왔습니다. 그런데 이것이 그 의미를 잃고, 때로는 여성을 억압하는 모습을 하게 되었습니다. 여성은 공공장소에서 몸 일부나 전부를 가려야 하고, 가족 이외의 남자와 어울리거나, 집안의 남자 허락 없이 마음대로 여행하는 것도 금지됩니다. 심지어 일부 이슬람 국가에서는 순결이나 정조를 잃은 여성을 두고 집안의 명예를 더럽혔다며 가족이 그를 죽이는 '명예 살인'이 이루어지고 있어 국제적으로 비난을 받기도 합니다.

'부르카'라는 가리개로 얼굴을 가리고 있는 사우디아라비아의 여성

파키스탄의 명예 살인에 반대하는 시위

who? 지식사전

우리나라 여성의 지위

세계경제포럼(WEF)에서 세계 성 평등 지수를 조사한 2023년 보고서에 따르면, 한국은 조사 대상이 된 146개 나라 중 105위를 기록했습니다. 예전 우리나라는 여성의 지위가 높지 않았습니다. 특히 조선은 나라를 통치하는 기반으로 유교의 성리학을 내세웠는데, 남성 중심의 학문인 성리학의 영향으로 남자를 여자보다 우대하고 존중하는 문화가 생겨났습니다. 이 때문에 조선 시대의 여성들은 남자에게 순종하고 복종하며 살아야 했지요. 특히 일제 강점기 때에는 남자를 가족의 대표로 두는 '호주제'가 도입되면서 여성의 지위가 더욱 낮아졌습니다. 그러나 지금은 여성 문제를 전담하는 정부 부처가 생기고, 호주제 폐지 등 양성평등을 이루기 위한 노력이 적극적으로 이루어지고 있습니다.

4 새로운 도전

마리아는 1890년 가을,
로마 대학에 입학했습니다.

이번에
의과 대학에 여자가
입학했다면서요?

네, 저기
혼자 앉아 있는
여학생인가 봐요.

웃기는군. 조용히 집안일이나 할 것이지, 여자가 무슨 의사를 하겠다고.

제 눈에는 대단한 아이처럼 보이는데요? 전통에 도전하는 여학생이라……

여자가 의과 대학에서 공부한다는 것은 놀라움을 넘어 획기적인 일이었습니다. 그러나 마리아의 학교생활은 순탄치 않았습니다.

이봐, 어딜 들어가려는 거야?

수업을 들으려고요. 뭐가 잘못됐나요?

남들이 비웃을수록 더 열심히 공부해야 해. 날 놀렸던 것을 후회하게 만들어 줄 거야.

다음 시간은 해부 실습이다. 모두 실험실로 이동하자.

네, 교수님.

넌 일어날 필요 없어.

네? 왜죠?

실험실에 갈 필요가 없으니까. 여자는 해부 실습을 할 수 없거든.

그럼 전 사람의 몸속을 직접 볼 수 없잖아요?

그거야 내가 알 바 아니지!

조금 무섭긴 하지만 사람의 몸을 직접 만져 볼 수 있는 방법은 이것밖에 없어.

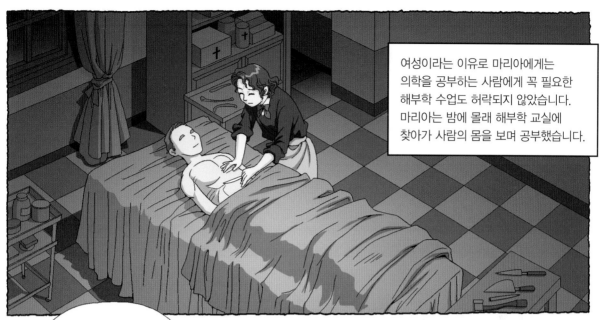

여성이라는 이유로 마리아에게는
의학을 공부하는 사람에게 꼭 필요한
해부학 수업도 허락되지 않았습니다.
마리아는 밤에 몰래 해부학 교실에
찾아가 사람의 몸을 보며 공부했습니다.

한 달 뒤면 분명
의과 대학을 그만두게
해 달라고 내게 사정하게
될 것입니다.

그 말의
뜻을 이제야
알겠군.

마리아는 자신이 처한 어려운 상황에
당당히 맞섰습니다. 외로움에 마음이
흔들릴 때마다 스스로를 다잡으며
학교를 당당히 졸업하고 의사가 된
자신의 모습을 그렸습니다.

보고 싶은 내 친구 클라라에게
의학 공부는 내가 생각했던 것보다 훨씬 재미있어.
하지만 학교생활이 행복하지만은 않단다.

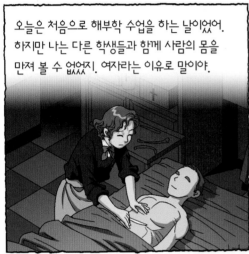

오늘은 처음으로 해부학 수업을 하는 날이었어.
하지만 나는 다른 학생들과 함께 사람의 몸을
만져 볼 수 없었지. 여자라는 이유로 말이야.

이 학교에 들어올 때 만난
교수님의 말씀대로
내가 의사가 되는 건 쉽지 않을 거야.
하지만 난 자신 있어.
여자는 안 된다는 사람들의
잘못된 생각을 고쳐 줄 거야.

마리아는 힘들어서 지칠 때면 친구 클라라와
편지를 주고받으며 외로움을 달랬습니다.

와아,
클라라에게서
온 편지다!

사랑하는 마리아,
편지를 읽으면서 수많은 사람들의 편견에
홀로 맞서고 있는 외로운 네 모습을 떠올렸어.
친구야, 난 널 믿어.

넌 그 어떤 어려움도 모두 이겨 내고
좋은 의사가 될 수 있을 거야.

기다려, 클라라.
꼭 멋진 의사가 되어
널 찾아갈게.

이번 학기
성적이 나왔네?

휴, 이번 시험은 정말
열심히 준비했는데
성적이 제자리야.

제자리가 어디냐?
난 5등이나 떨어졌어.

여길 좀 봐.

Fabio Grosso

Maria Montessori   B

Angelo Palombo   A

마리아는 이번에도 제일 좋은 성적을 받았네.

그러게.

대단해. 나라면 계속 학교를 다니지도 못했을 텐데.

마리아, 어떻게 하면 너처럼 좋은 성적을 받을 수 있지? 비결 좀 알려 줘.

어렵지 않아.

뭐든 궁금한 게 생기면 알게 될 때까지 연구하고, 필요한 것보다 더 많이 공부해 봐. 저절로 성적이 오를걸?

몬테소리 양, 시험에 합격했다는 소식 들었네. 축하해.

마리아는 대학 생활을 하는 동안 동물학, 생물학, 물리학, 화학을 두루 열심히 공부했습니다. 그리고 마침내 스물여섯 살이 되던 해에 의사가 되기 위한 모든 시험에 우수한 성적으로 합격했습니다.

졸업 논문도 아주 인상 깊었어.

감사합니다, 교수님.

자네의 능력을 미리 알아보지 못해 미안하구먼.

하하하! 드디어 이탈리아에도 여자 의사가 탄생하는 건가?

이탈리아의 첫 여성 의사, 마리아 몬테소리!

마리아, 정말 자랑스럽구나!

흐음. 그래, 수고했다.

마리아는 그렇게 이탈리아 최초의 여성 의사가 되었습니다.

이제 시작이야.

졸업 후 마리아는 로마 대학 병원 정신과의 보조 의사로 일하게 되었습니다.

이곳이 나의 첫 병원이란 말이지? 정말 설렌다.

이 옷을 입기 위해 내가 그렇게 힘든 시간을 견뎌 왔구나.

어머, 선생님! 그건 저희가 할 일이에요.

그런 걸 따로 구분할 필요가 뭐 있나요? 그보다 선생님은 저쪽에 있는 음식을 환자분들께 가져다주세요.

음식도 직접 만드신 거예요?

워낙 요리 실력이 없어서, 맛이 어떨지는 모르겠어요.

마리아 선생님은 다른 의사 선생님들과 다르지 않아?

응, 환자들을 위한 일이라면 뭐든 가리지 않으신다니까.

마리아의 헌신적인 생활 태도는 약한 사람을 배려하는 마음에서 시작되었습니다. 특히 대학 시절에 겪었던 차별은 마리아가 힘없는 사람에게 더 많은 관심을 기울이게 만들었습니다.

도움이 필요한 사람에게 손 내미는 것을 부끄러워해서는 안 돼. 그러면 그들은 영원히 보호받지 못할 테니까.

마리아가 맡은 일 중 하나는 정신과에 있는 어린이 환자 중에서 교육으로 치료할 수 있는 아이들을 찾아내는 일이었습니다.

쉬운 일은 아니지만 잘 해낼 수 있으리라 믿어요.

네, 최선을 다하겠습니다.

마리아는 어린이들이 모여 생활하는 곳으로 가서 *지적 장애아들을 직접 관찰했습니다.

* 지적 장애아: 신경 계통에 장애가 있어 정신 발달이 느린 아이

왜 저런 행동을 하는 걸까?
세세하게 특징을 적고
분석해 봐야겠어.

아이들과 함께 지내는 시간이 길어질수록
마리아는 어린이들의 질병과 그로 인한 행동에
특별한 관심을 갖게 되었습니다.

선생님, 이렇게
아픈 아이들을 한곳에
모아 놓는 것이 맞다고
생각하세요?

네? 그게 무슨
말이에요?

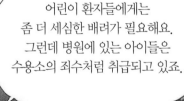

어린이 환자들에게는
좀 더 세심한 배려가 필요해요.
그런데 병원에 있는 아이들은
수용소의 죄수처럼 취급되고 있죠.

당신 말을
듣고 보니
일리가 있군요.

탁탁탁

서…샌…닝!

그래, 로빈! 이리 와.

이 아이들도 정상적인 아이들과 같은 능력을 가지고 있어. 단지 발달이 늦은 것뿐이라고.

이렇게 한곳에 모여 지내면서 장애가 더 심해지는 것은 아닐까?

마리아, 당신은 이 아이들을 환자가 아닌 소중한 생명으로 여기는군요.

당연하죠. 이 아이들도 정상적인 어른이 될 수 있다고 생각해요. 우리가 관심을 갖고 지켜봐 주기만 한다면요.

그만 울지 못해? 그치라고!

무슨 일이에요?

글쎄 얘가
눈물도 흘리지 않으면서
몇 시간째 우는 소리를
내잖아요.

어린이에 대하여

'어린이'는 어린아이를 대접하거나 격식을 갖추어 이르는 말로, 대개 4~5세부터 초등학생까지의 아이를 가리킵니다.

우리나라에서 어린이라는 말은 17세기부터 사용했는데, '어리다'의 의미가 '어리석다'에서 '나이가 적다'로 변화하면서 '나이가 적은 사람'이라는 뜻이 있습니다. 이후 1920년에 아동 문학가 방정환이 "어린아이도 하나의 인격체이며, 존중받아야 한다. 젊은 사람을 젊은이라고 부르듯이, 나이가 어린 사람은 어린이라고 불러야 한다."고 주장하면서 어린이라는 단어가 본격적으로 사용되기 시작했습니다.

학자에 따라 초등학교 교육을 받는 아이들을 어린이라 부르는 것이 옳다고 주장하기도 합니다. 그러나 법적으로는 열여덟 살 미만의 아동을 모두 어린이라 부르고 있습니다. 한편, 아동의 신체·심리적 발달을 과학적으로 연구하는 발달 심리학에서는 어린이를 좀 더 여러 단계로 나누어 0~2세까지를 영아기, 3~5세까지를 유아기, 6~13세까지를 아동기라 부르기도 합니다.

우리나라에서 어린이는 대개 4~5세에서 초등 학생을 가리킵니다.

who? 지식사전

우리나라 최초의 아동 잡지 〈어린이〉

우리나라의 아동 문학가, 방정환

방정환(1899~1931년)은 우리나라 최초의 아동 문학과 아동 운동을 위한 단체인 '색동회' 등을 조직하여 소년 운동을 펼친 아동 문학가입니다. 1922년에 어린이날을 제정하는 데에 큰 역할을 했으며, 1923년에는 우리나라 최초의 순수 아동 잡지인 〈어린이〉를 창간했습니다. 방정환은 1923년 5월 1일, 색동회 발대식과 함께 어린이날 기념식을 열어 전국적으로 알렸습니다. 어린이날은 1927년 5월 첫째 일요일로 바뀌었다가 1946년부터 매년 5월 5일에 기념하고 있습니다. 이외에도 어린이를 위해 우리나라 최초의 동화집을 펴내는 등 여러 활동을 통해 어린이는 특별한 존재이며, 보호받아야 한다는 사실을 알리고, 사람들을 일깨웠습니다.

몬테소리의 어린이 연구

몬테소리는 1907년, 자신이 설립한 '카사 데이 밤비니'에서
어린이와 함께 생활하며 그들을 자세히 관찰했어요. 그러곤
겉모양으로는 쉽게 알 수 없는 어른과는 다른 어린이만의
특성들을 발견했습니다. 이러한 과정을 거쳐 몬테소리만의
교육 철학과 교육 방법이 성립되었습니다.

카사 데이 밤비니에서 어린이와 함께한
마리아 몬테소리

몬테소리는 어린이를 교육하기 위해서는 어린이라는 존재
그 자체를 존중해야 하며, 어린이가 한 단계 성장하려고
할 때 어른들이 적절한 교육 환경을 제공해야 한다고
주장했습니다. 몬테소리는 "지금까지 교실에서는 아이들이
핀을 꽂아 박제로 만든 나비처럼 자기 자리에 고정되어
있다."고 비난했습니다.

카사 데이 밤비니에서는 학습 내용을 무조건 외우고
기억하게 하는 주입식 교육을 하지 않았습니다. 대신
어린이들의 눈높이에 맞춘 교육을 하고, 놀이 도구를
제공하여 어린이들이 스스로 즐겁게 학습할 수 있도록
했습니다. 지금까지도 몬테소리 교육은 기본적으로
교사는 뒤로 물러나 있고 아이들이 스스로 교재를
조작하면서 학습하게 합니다.

1915년, 네덜란드 헤이그에 있는 몬테소리
학교의 수업 장면

몬테소리 이전의 유아 교육은 어른들의 기준에 의해
주입식 교육과 체벌이 중심이 되었으며, 이에 적응하지
못하는 어린이는 뒤떨어졌다고 생각하여 제대로 돌보지
않는 경우가 많았습니다. 몬테소리에 이르러서야
비로소 어린이는 어른과는 다른 특징이 있으며,
어린이들이 스스로 능력을 기를 기회를 제공해야
한다는 인식이 유아 교육에 자리 잡게 되었습니다.
즉, 어린이는 본질적으로 다른 하나의 인격이므로
어른들의 기준에서 어린이를 교육한다면 안 된다는
인식이 퍼지게 된 것입니다.

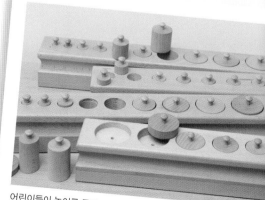
어린이들이 놀이를 통해 즐겁게 학습할 수 있도록 만든
몬테소리 놀이 도구

어린이에 대한 인식의 변화

과거

전통적으로 우리 사회를 지배했던 유교 사상에서 어린이와 어른에 대한 관계는 장유유서(長幼有序)가 핵심이었습니다. 즉, 어른과 어린이 사이에는 순서가 있으니 이를 따라야 한다는 것입니다. 장유유서의 개념에 따라 어린이는 어른을 공경하는 것이 중요하게 생각되었지요. 그런데 이것이 조선 후기의 혼란한 시대 상황과 일제 강점기를 거치며 윗사람에게 일방적으로 복종해야 하는 권위주의로 변질되었어요. 이에 따라 어린이의 권리에 대한 이해나 배려도 부족해서, 어른은 어린이의 인격을 존중하지 않고 무시하기도 했습니다.

전통 문화 체험 중인 어린이의 모습. 장유유서는 어른을 공경해야 한다는 덕목입니다.

오늘날

이제는 어린이를 낮춰 보는 것은 옳지 않다는 생각이 널리 퍼져 나가면서 어린이에 대한 인식이 차츰 변화했습니다. 어린이가 가진 무한한 가능성과 앞으로의 역할에 대한 중요성은 더욱 강조되었습니다. 현대로 와서는 어린이를 바라보는 생각이 완전히 바뀌었습니다. 어린이를 단지 어른이 되기 전의 단계로 보는 것에서 벗어나 어른과는 다른 특성을 가진 고유한 존재로 인정하고 있으며, 따라서 어린이는 어른이 일방적으로 교육하고 길러야 하는 대상이 아니라는 생각을 가지게 되었습니다.
이렇게 오늘날의 어린이는 스스로 생각하고 행동하며 성장할 수 있는 능력을 갖춘 독립적인 존재, 우리의 미래를 책임질 소중한 사회의 일원으로 인정받고 있습니다.

어린이는 많은 가능성을 지닌 고유한 존재입니다.

세계 각국의 어린이날

우리나라: 우리나라가 일본 식민 지배 아래 있던 1923년, 우리 어린이들에게 민족의식을 심어 주기 위해 소파 방정환을 중심으로 한 모임인 색동회에서 만들었습니다. 1923년 5월 1일에 처음으로 기념행사가 열렸고, 해방 뒤 첫 어린이날인 1946년부터 5월 5일로 정해졌습니다. 이날은 전국에서 어린이를 위한 다양한 행사가 열리며, 많은 시설이 어린이에게 무료로 개방됩니다.

일본의 남자아이들을 위한 어린이날(탄고노셋쿠)에 다는 깃발인 고이노보리

일본

일본에는 남자아이들을 위한 어린이날(탄고노셋쿠)과 여자아이들을 위한 어린이날(히나마쓰리)이 따로 있습니다. 탄고노셋쿠는 5월 5일로, 집 앞에 잉어 인형을 달아 남자아이들의 건강과 행운을 기원합니다. 반면 히나마쓰리는 3월 3일로 1~2주 전부터 집안에 인형을 장식하여 여자아이들의 장래와 행복, 건강을 기원하며 3월 3일이 지나면 인형을 치웁니다.

중국

'아동절'이라 불리는 중국의 어린이날은 6월 1일입니다. 어린이를 위한 행사가 열립니다.

터키

세계 최초로 어린이날을 제정한 나라입니다. 터키의 어린이날은 4월 23일인데, 이날은 터키 공화국이 수립된 날이기도 합니다. 터키 정부는 매년 어린이날 주간에 세계 각국의 어린이를 초청하여 전통문화를 알리고 교류하는 행사를 합니다.

어린이날을 기념하는 독일의 우표

5 의사에서 교육자로

몬테소리는 몬테사노 박사와 함께 지적 장애아들에 대한 연구를 하게 되었습니다.

두 사람은 특히 병원에서 생활하는 아이들에 대한 편견을 바로잡기 위해 적극적으로 활동했습니다.

장애를 가진 아이들은 사회에 위협을 주는 사람이나 범죄인, 심지어 미친 사람 취급을 받고 있습니다.

그러나 실제로
지적 장애아들과 생활해 보면
그렇지 않습니다.

병원의 아이들은 모두
정상적인 성인으로 자라날 수
있는 가능성을 가지고
있습니다. 어른들의 편견이
사라진다면, 그 가능성은
더 높아질 것입니다.

마리아, 오늘 연설
정말 굉장했어요.

고마워요.

어머니께
할 말이 있어요.

응?
무슨 일인데?

아버지께는
비밀로 하겠다고
약속해 주세요.

마리아는 어머니에게 자신이 아이를
가졌다는 사실을 털어놓았습니다.

전 이 아이를 낳아
키울 거예요. 일을 포기할
각오도 되어 있어요.

마리아.

내가 알고 있는
부부가 있단다.
여유 있고 사이좋은
사람들이지.

그 부부의 걱정은 단 하나, 아이가 없다는 것이란다. 네 아이를 그 부부에게 맡기는 건 어떠니?

여기서 멀지 않은 곳에 살고 있으니, 네가 원한다면 언제든 아이를 보러 갈 수도 있을 거야.

하지만······.

마리아, 너는 아이를 포기하는 게 아니야.

네가 키울 수 있을 때가 되면 그때 그 애를 데려오자꾸나.

이게 옳은 결정일까요?

신은 우리에게
각자 할 일을 주셨단다.

네가 어렸을 때
크게 아팠던 적이 있지.
그때 넌 내게 세상에
꼭 필요한 사람이
되겠다고 말했어.

인생에서 중요한 일을
포기하기에 넌 아직
너무 어리다, 내 딸아.

마리아는 어머니의 의견에
따르기로 결정했습니다.

마리아는 스물여덟 살이 되던 해 봄에 남자아이를 낳았습니다.

이 아이의 이름은 마리오예요.

정성을 다해 마리오를 보살필게요.

네, 잘 부탁드려요.

마리오, 미안해. 엄마와 꼭 다시 함께 살자.

마리아는 갓 태어난 아이를 양부모에게 맡겼습니다. 세상에 하나뿐인 아들을 돌볼 수 없게 된 마리아는 큰 슬픔에 빠졌습니다. 엄마의 사랑을 받지 못하게 된 마리오에게도 미안한 마음뿐이었습니다.

마리아는 평생 마리오에게 잘못을 비는 마음으로 살기로 결심하고, 더욱 어린이를 위한 연구에 몰두했습니다.

지적 장애아들은 한 가지 행동이나 표현을 종일 반복한다. 아이들의 그런 행동은 마음속의 혼란에서 벗어나려는 노력이다.

그래서일까? 지적 장애아들은 일반 학교에서는 문제아 취급을 받고, 병원에서는 아무것도 할 수 없는 무능력한 아이로 여겨지고 있어.

내가 아이들 곁에서 생활하면서 행동을 바로잡아 주는 것이 좋겠어.

우리 마리오도 곧 이렇게 세상을 배우게 되겠지?

이 아이들을 마리오라 생각하고 더욱 열심히 돌볼 거야. 그것만이 마리오에게 용서받을 수 있는 길이야.

마리아는 남다른 애정으로 아이들을 돌보았습니다. 그러면서 지적 장애아들을 교육하는 방식을 완전히 바꾸었습니다. 마리아는 장애를 고치기보다는, 아이들이 타고난 정상적인 면이 부각될 수 있도록 교육했습니다.

뭐요?

이제 여덟 살이 된 지적 장애아들에게 일반 아이들이 보는 학력 평가를 보게 하겠습니다.

그게 말이 됩니까?

병원장님, 절 믿고 허락해 주세요.

나 참, 이게 무슨 엉뚱한 짓이람?

마리아가 돌본 지적 장애아들의 시험 결과는 놀라웠습니다. 몇몇 아이가 일반 아이들보다 높은 성적을 받은 것입니다. 사람들의 생각과는 달리 지적 장애아도 교육을 통해 읽고 쓰는 능력을 갖출 수 있었습니다.

이게 지적 장애아들의 성적이라고요?

믿을 수 없어! 정상 아이들보다도 높은 점수잖아?

도대체 아이들을 어떻게 가르친 겁니까?

제가 늘 말씀드렸잖아요. 이 아이들에게도 정상적인 어른이 될 수 있는 능력이 있다고요.

꾸준한 노력과 연구로 마리아는 어느새 여자 의사뿐만 아니라, 특수 아동 교육자로도 이름을 알리고 있었습니다.

아이들은 알면 알수록 신기한 존재야. 일반적인 아이들의 세계도 점점 궁금해져.

1900년 8월 31일, 마리아의 서른 번째 생일날이었습니다.

마리아, 널 위해 준비한 선물이 있단다.

이게 뭐예요?

용감한 여성 마리아에게

마리아, 그동안 표현하지는 못했지만, 내가 널 자랑스럽게 여기고 있다는 것을 꼭 말해 주고 싶었다.

너는 용감한 여인이야. 그리고 나는 그 용기를 존중한다.

아빠…….

그래, 난 어릴 적부터 내가 원하는 게 무엇인지 확실히 알았어.

마리아, 이미 당신은 이 분야의 전문가로 인정받고 있어요. 굳이 그럴 필요가 있나요?

저는 장애아를 돌보면서 아이들이 가진 무한한 가능성에 매일 놀랐습니다.

이제 저의 연구 영역을 넓혀, 모든 어린이들의 가능성을 찾아 주고 싶어요.

마리아는 수많은 차별과 편견에 맞서면서 힘들게 얻었던 의사라는 직업을 포기하고, 어린이 교육이라는 새로운 분야를 연구하기로 했습니다.

이제 이탈리아에도 훌륭한 여자 의사들이 많이 탄생했지. 하지만 어린이를 위한 새로운 교육은 나만이 할 수 있는 일이야.

같은 지적 장애를 가지고 있더라도 아이들은 어른들보다 더 빨리 교육시킬 수 있다는 연구 결과가 있군.

왜 그럴까? 아이들만이 가지고 있는 가능성이 대체 뭐지?

그리고 구제 불능 취급을 받았던 지적 장애아들도 정상적인 생활을 할 수 있게 만드는 교육이란 어떤 것일까?

교육에 대해 좀 더 알고 싶다.

마리아는 교육학을 배우기로 마음먹었습니다. 1902년, 마리아는 의학을 공부했던 로마 대학에 다시 입학했습니다.

하하, 내가 이곳으로 돌아올 줄이야!

마리아 몬테소리?

어머, 비첼리 교수님!

자네의 활약은
신문을 통해
잘 보고 있네.

학창 시절에
교수님의
덕이 크지요.

그런데
여긴 웬일인가?

다시 공부를
시작하려고요.
로마 대학의
교육학과에
학생으로
등록했어요.

의학이 아닌 교육학?
전공을 바꾸었단 말인가?

네, 의사로 일하면서
어린이라는 존재에 대해
다시 생각하게 되었거든요.

몬테소리 교육법

하나 **몬테소리 이전의 어린이 교육**

몬테소리가 태어나기 전인 1860년 무렵, 이탈리아는 열 살 이상의 인구 중 4분의 3은 글을 읽지도, 쓰지도 못하는 문맹자들이었습니다. 부모들은 자식들의 학업에 신경을 쓰기보다는 의식주를 해결하기 위해 아이들을 생활 전선으로 내보낼 수밖에 없는 경우가 많았습니다. 가난이나 사정 때문에 자식들을 제대로 교육하지 못했어요.

이 시기는 어린이의 권리나 의사를 존중해 주어야 한다는 생각이 없어 어린이를 그저 어른의 축소판으로만 생각했습니다. 즉, 사람은 이미 어른으로 만들어져 세상에 태어났으며, 단지 신체 크기로만 어른과 어린이를 구별할 수 있을 뿐 어린이와 어른 사이에는 별 차이가 없다고 여겼습니다. 그러다 보니 어린이 교육은 그저 사회에 적응해 살 수 있도록 훈련하는 것이 전부였습니다.

그러나 이와 같은 생각들은 어린이에 대한 교육의 효과와 부모의 영향, 어린이의 자율성 등이 강조되면서 점차 사라지게 되었습니다.

미국의 풍속화가 이스트먼 존슨이 그린 〈부상당한 소년 고수〉. 전쟁에 동원되는 어린이들이 있었음을 알 수 있어요.

who? 지식사전

인지 발달 이론의 창시자 장 피아제

스위스의 발달 심리학자, 장 피아제

스위스 출신의 발달 심리학자인 장 피아제(1896~1980년)는 아동 심리학 분야에서 탁월한 업적을 남겼습니다. 어린이의 정신 발달 과정에 관한 연구를 하였으며, 조사 대상이 되는 어린이들과 대화를 나누면서 어린이들이 생각을 발전시키는 과정을 알아냈습니다. 20세기 발달 심리학 분야를 대표하는 학자 중 한 명으로, 유아 교육학에도 커다란 영향을 끼쳤습니다. 어린이들이 새로운 지식을 습득하는 과정을 나이에 따라 4단계로 구분한 '피아제 인지 발달 이론'으로 유명합니다.

몬테소리는 양성평등의 열렬한 옹호자, 이탈리아 최초의 여자 의사, 과학자, 교사, 평화주의자로 알려졌습니다. 그러나 무엇보다도 아동 발달과 교육 방법에 대한 독창적 이론으로 가장 유명합니다. 몬테소리가 태어난 1870년 이탈리아는 사회의 중요한 분야에서 남자가 여자보다 능력이 있다고 믿었던 시대였습니다. 예를 들어, 남자만 의사가 될 수 있었고, 여자는 사회적으로 의사가 될 수 없었습니다. 그러나 몬테소리는 의사가 되기를 꿈꾸었고, 많은 시련을 딛고 마침내 사회의 편견을 극복했습니다. 몬테소리는 로마 대학 의과 대학을 졸업한 최초의 여성이었고, 이탈리아 최초의 여자 의사가 되었습니다.

어린이들에게 둘러싸인 몬테소리

얼마 후 몬테소리는 특별한 도움이 필요한 어린이들에게 흥미를 느끼게 되어 지적 장애아들을 위한 교육 기관에서 일하기 시작했습니다. 여러 해 동안 지적 장애아들을 위해 일하면서 그들에게 알맞은 교육을 제공하는 방법을 연구한 결과, 그 분야에서 대단한 업적을 이루었습니다. 몬테소리가 돌본 몇몇 지적 장애아들이 읽기와 쓰기 시험에서 평균 이상의 점수를 받아서 모두를 놀라게 하기도 했습니다.

장애아를 돌보고 어린이집을 운영한 경험은 평생 몬테소리가 어린이를 위해 일하게 된 계기가 되었습니다. 어린이들과 생활하면서 몬테소리는 어린이들의 잠재력을 발견하는 여러 가지 교육법을 개발하였고, 그것들은 모두 어린이들에게 좋은 영향을 미쳤습니다. 몬테소리는 자신의 교육법에 대해서 다음과 같이 말한 바 있습니다.

몬테소리가 지적 장애아와 수업하는 모습

"나는 어린이가 표현하는 것을 받아들였습니다. 그것이 바로 몬테소리 교육법입니다."

셋 ＞ 몬테소리 교육법의 원리

몬테소리 교육법의 기본 원리는 자유성, 정리된 환경, 감각 교육의 강조입니다. 자유성의 원리는 어린이의 지적 호기심이 자발적으로 나타나기에 적합한 환경이 갖추어지는 것을 전제 조건으로 합니다. 또한, 어린이들이 안전하고 자유롭게 놀며 작업할 수 있는 환경이 중요하다고 강조하지요. 따라서 교육 현장은 교실, 응접실, 식당, 목욕탕, 정원 등을 갖춘 공간이어야 하고, 모든 비품은 어린이가 다루기 쉽고 가벼운 것으로 준비하여 어린이들이 사용하기 쉬운 곳에 두어야 합니다. 몬테소리 교육법은 이와 같은 환경에서 어린이들이 자율적인 교육을 하는 것에 주안점을 두었습니다.

감각 교육에서는 지각력과 인지력 발달을 목표로 합니다. 마리아 몬테소리에 따르면, 어린이는 3~6세에 감각이 가장 발달하게 됩니다. 이 때문에 몬테소리의 유치원에서는 감각 교육을 강조했어요. 몬테소리 감각 교육은 시각·촉각·청각·후각·미각 등의 감각 기능을 보다 예민하게 훈련해 어린이가 주변의 사물을 정확하게 파악할 수 있도록 돕습니다.

몬테소리 학교. 몬테소리 교육법은 아이들이 적절한 환경에서 자유롭게 놀며 배우는 것을 강조합니다.

who? 지식사전

1907년에 설립된 카사 데이 밤비니의 모습

최초의 유치원, 카사 데이 밤비니

카사 데이 밤비니(Casa dei Bambini)는 초등학교 취학 전 어린이를 위해 만든 유치원으로, 1907년 1월 6일 이탈리아 로마 근교 산 로렌초의 빈민 지역에 세워졌습니다. 몬테소리는 이곳의 어린이들에게 자신이 고안한 교육 방법을 적용했습니다. 이 유치원이 성공을 거두자, 전 세계적으로 카사 데이 밤비니 운동이 일어났습니다. 한편 몬테소리는 여기서 어린이들의 모습과 행동을 자세히 관찰하고 기록한 경험을 바탕으로 《어린이의 비밀》이라는 책을 썼습니다.

몬테소리 교육법의 시행 방법

몬테소리는 어린이들이 흥미를 느낄 수 있고 자발적인 참여를
유도할 수 있는 활동으로 교육 과정을 구성했습니다.
몬테소리는 이를 다섯 가지 영역으로 분류했습니다.

일상생활 연습: 옷 입기, 청소하기, 인사하기 등
　　　　　　　일상생활에 필요한 행동 연습
감각 교육: 시각·촉각·청각·후각·미각 등 감각 기관의
　　　　　발달을 위한 교육
언어 교육: 풍부한 어휘 습득과 읽기·쓰기를 위한 과정
산수 교육: 수에 대한 구체적 경험을 통해 개념을 이해하는
　　　　　내용
문화 교육: 지리·역사·과학·미술·음악 등 인간의 다양한
　　　　　삶의 형태를 이해할 수 있도록 돕는 내용으로
　　　　　교육

몬테소리 교구를 만지작거리는 어린이

몬테소리는 준비된 교육 환경의 중요성을 강조했는데,
어린이의 발달 단계에 맞는 활동을 할 수 있도록 적절한
환경을 제공해야 한다고 했습니다. 이런 환경이
갖추어지면 어린이는 그 안에서 자유롭게 학습하면서
자신의 잠재 능력을 개발할 수 있다는 것입니다.
몬테소리가 제시한 교육 환경은 어린이에게 적절한
작업과 놀이를 제공하고, 자유롭고 창의적인 활동을
할 수 있는 분위기를 조성하는 것입니다. 몬테소리는
이러한 교육적 환경을 조성하는 주요 요소로
다양한 감각적 교구의 중요성을 강조하면서, 직접
어린이들의 마음을 사로잡을 수 있는 질 좋은 재료로
아름다운 모양의 교구를 제작했습니다.

몬테소리 교육의 교구

6 세계를 놀라게 한 교육법

지금은 어린이와 청소년, 어른을 모두 같은 방법으로 교육하고 있어요. 하지만 그건 옳지 않아요. 어린이는 어른과 다르거든요.

자신이 할 일을 발견한 마리아는 그 어느 때보다 열심히 공부했습니다. 그러면서 틈틈이 어린이 교육에 대한 자신의 생각을 정리해 나갔습니다.

어린이의 특징을 연구하고 파악해서 그에 알맞은 교육법을 개발해야 합니다.

그리고 어린이가 바르게 자라날 수 있는 환경을 마련해 주는 것도 필요하죠.

맞아요.

산 로렌초가는 이탈리아 로마 가까이 있는 작은 도시로, 가난하고 지저분해서 도심에서 쫓겨난 빈민들이 많이 살고 있었습니다.

제게 그 일을 맡기시려는 건가요?

네, 어려운 아이들을 돌보셨다고 들었습니다. 부디 저의 제안을 거절하지 말아 주십시오.

마리아의 머릿속에는 이미 밝고 깨끗한 환경 속에서 모든 아이들이 즐겁게 뛰어놀며 공부할 수 있는 행복한 교실이 그려졌습니다.

좋아요, 한번 해 볼게요.

그로부터 몇 달이 지난 1907년 1월 6일,
최초의 어린이집 '카사 데이 밤비니'가 문을 열었습니다.
'어린이의 집'이라는 뜻을 가진 카사 데이 밤비니에서는
세 살부터 여섯 살까지의 어린이 46명이 교육을 받았습니다.

선생님, 이곳에서
어떤 교육을
하실 건가요?

지금까지
어린이들을 위한
교육은 없었어요.
그저 어른들이 관리하기
편하도록 한곳에
모아 둘 뿐이었죠.

저는 이곳에서 어린이들에게 어울리는, 아이들의 숨은 가능성을 발견할 수 있는 교육을 하려고 합니다.

네, 선생님만 믿겠습니다.

여기 모인 아이들은 대부분 가난한 집에서 태어났고, 글을 읽고 쓸 줄 모르는 부모님 아래서 자랐습니다.

그래서 지금껏 이곳의 아이들은 교육을 받을 수 없었어요. 저는 그런 아이들을 돌보고 가르칠 것입니다.

짝 짝 짝

이것은 카사 데이 밤비니에서 지낼 어린이들이 지켜야 할 규칙입니다.

첫째, 몸을 청결하게 하고, 옷은 항상 깨끗하게 입는다.
둘째, 교사의 말에 따르고, 행동을 바르게 한다.
셋째, 자신의 행동을 고칠 마음이 없는 아이는 다닐 수 없다.
넷째, 어린이집의 규칙을 절대적으로 지킨다.
다섯째, 교육 과정에 적극적으로 참여한다.

어머 좋네요, 이런 규칙이 있어야 아이들을 가르치지요.

이제 마음 놓고 일하러 갈 수 있겠어.

마리아는 어린이들을 교육시키기 위해 가장 먼저 손놀림 훈련을 시작했습니다. 어린이들은 마리아의 가르침에 따라 실을 바늘에 끼워 바느질을 하면서 집중력을 키우고 머리를 쓰는 연습을 했습니다.

실을 이 구멍에 끼워 봐.

이렇게요?

잘했어! 이제 그걸로 바느질을 해 볼까?

네!

이 밖에도 마리아는 나뭇가지, 생활 도구 등을 이용한 여러 가지 교육 도구를 만들어 아이들이 직접 손으로 만지며 새로운 것을 배울 수 있도록 했습니다.

정말 놀랍습니다.
이게 모두 마리아 선생님
덕분입니다.

이 놀라운 사실이 알려지자,
많은 사람들이 카사 데이 밤비니의
교육 방법을 직접 보기 위해
찾아왔습니다.

어린이집은 어린이를 모아 놓는
수용소가 아닙니다. 어린이를
기르고 교육시키는 곳이죠.

어느 날, 카사 데이 밤비니에
여왕이 찾아왔습니다.

어서 오세요,
여왕님.

다른 사람들이 선생의 교육법에 대해 마치 보물을 발견한 듯 말하더군요.

사실 난 가난한 도시의 소외된 아이들이 스스로 규율을 지키는 현명한 학생이 될 수 있으리라고는 생각하지 못했어요.

지금 내 눈앞에 펼쳐진 모습은 마치 기적처럼 느껴지네요.

아이들은 모두 자기 안에 빛나는 보석을 가지고 있어요. 그리고 그것이 발견되길 기다리고 있죠.

여왕님, 저는 모든 아이들이 똑같다고 믿습니다.

가난하건, 부자이건. 부모가 배운 사람이건, 그렇지 않건 말이에요.

몬테소리 선생, 오늘은 제게도 정말 유익한 하루였어요.

당신이 하는 일에 도움을 주고 싶군요. 다른 곳에 어린이집을 세울 계획이 생기면 내게 꼭 말해 줘요.

마리아가 두 번째 어린이집을 세울 기회는 매우 빨리 찾아왔습니다. 다음 해, 이탈리아에 큰 지진이 닥쳐 메시나라는 도시가 파괴되었고, 그 피해로 60여 명의 아이들이 하루아침에 부모를 잃고 홀로 남아 거리를 헤매고 있었기 때문입니다.

고통과 절망에 빠져 있는 저 아이들에게 희망을 줄 수 있는 방법이 없을까?

당신이 하는 일에 도움을 주고 싶군요.

여왕 폐하, 마리아 몬테소리 선생이 메시나에서 편지를 보내왔습니다.

아, 산 로렌초가의 마리아 몬테소리 말인가요?

여왕 폐하, 저는 지금 지진으로 파괴된 메시나에 와 있습니다. 이곳에는 60여 명의 아이가 부모를 잃고 홀로 남아 거리에서 지내고 있습니다. 이곳의 아이들이 안전한 곳에서 지내기 위해 여왕님의 도움이 필요합니다.

*교구: 효과적으로 가르치기 위하여 사용하는 도구

마리아는 위험에 빠진 아이들을 성공적으로 구해 냈습니다. 지진으로 집과 가족을 잃은 어린이들이 상처에서 벗어나 정상적인 생활을 할 수 있도록 교육을 통해 도움을 준 것입니다.

교사는 첫째, 자신이 교사라는 것.

둘째, 학생을 올바르게 교육하는 것, 두 가지가 자신의 의무라는 것을 절대 잊으면 안 됩니다.

산 로렌초가의 카사 데이 밤비니와 메시나의 어린이들 소식이 퍼지자 마리아의 교육법을 배우고 싶어 하는 사람들이 많아졌습니다. 마리아는 어린이들을 돌보는 틈틈이 자신의 교육을 함께할 교사도 세워갔습니다.

무솔리니 정권과 파시즘

무솔리니 정권의 탄생

이탈리아는 제1차 세계 대전 때 연합국 편에서 전쟁에
참여해 승전국이 되었지만, 제대로 된 보상을 받지
못했습니다. 이뿐만 아니라 전쟁의 후유증에서 벗어나는
과정에서 이탈리아는 경제적으로 매우 힘든 시간을
보내게 됩니다. 돈의 가치가 떨어지면서 물가가 급속히
올라 서민들의 생활이 어려워졌고, 실업률이 매우
높아지면서 곳곳에서 파업이 잇따랐던 것입니다.

어려운 상황이 계속되자, 이탈리아에서는 개인의 재산을
인정하지 않고, 공동으로 일하고 대가를 분배하자는
사회주의가 주목받게 됩니다. 하지만 이탈리아의
자본가들은 시민들이 주장하는 사회주의가 널리
퍼지자 큰 두려움을 느꼈지요. 이때 등장한 것이 바로
무솔리니의 파시스트당이었습니다. 파시스트당은
강력한 전체주의와 애국주의, 반공을 내세워 자본가
계층의 지지를 얻게 됩니다. 이렇게 파시스트당은
국민들이 무능한 정부와 지도자에 실망하고
혼돈에 빠진 경제 상황으로 힘들어하고 있을 때
탄생했습니다.

결국 무솔리니의 파시스트당은 1922년 10월 28일
'로마 진군'으로 불리는 쿠데타를 일으켜 권력을 잡는
데에 성공하였고, 1923년 1월에 자신들을 제외한
정당을 모두 없애면서 강력한 독재 정치를 펼쳐
나갔습니다.

무솔리니(1883~1945년)는 이탈리아의 사회
혼란을 틈타 독재 정권을 세웠습니다.

1922년 무솔리니의 로마 진군 모습

둘   파시즘

파시즘(fascism)은 '묶음'을 뜻하는 이탈리아어
'파쇼(fascio)'에서 유래한 말로, '결속, 단결'이라는
뜻이 있습니다. 좁은 의미로는 무솔리니의 통치 이념을
가리키지만, 일반적으로 이것과 비슷한 정치 이념을 따르는
지배 체제를 가리키는 경우가 더 많습니다.
파시즘이 가진 특징들을 살펴보면 다음과 같습니다.
우선 파시즘은 국가·인종·민족이 이를 구성하는
개인·무리·기구보다 우월하다고 주장합니다. 따라서
국가가 개인 생활을 통제할 수 있다고 생각합니다. 그리고
파시즘은 지배자에 대한 절대적인 복종을 강요합니다.
따라서 국민은 통합된 하나의 뜻에 따라야 하며, 정부와
정책에 대한 비판이나 반대는 금지되지요.
이들은 자기 나라의 고유한 역사와 문화만을 최고라고 여기며
그것을 알리기 위해서는 막강한 군사력을 바탕으로 다른
나라를 침략해도 된다고 생각합니다. 때문에 세계적으로 많은
전쟁을 일으키기도 했습니다.
무솔리니 치하의 이탈리아뿐 아니라, 히틀러 치하의 나치
독일, 도조 히데키 치하의 일본 제국, 엥겔베르트 돌푸스
치하의 오스트리아 같은 독재 체제들이 모두 넓은 의미의
파시즘에 해당합니다.

아돌프 히틀러(1889~1945년)의 정책
역시 넓은 의미의 파시즘에 해당합니다.

도조 히데키(1884~1948년)는 일본이
태평양 전쟁을 시작하게 한 주범입니다.

who? 지식사전

전체주의

개인보다는 국가·사회·민족과 같은 전체의 중요성을 강조하는 사상입니다. 개인의 모든 활동은 민족이나 국가를 위해서만
존재하며, 전체의 이익을 위해 개인의 자유를 희생해야 한다고 주장합니다. 자기 공동체만을 중요하게 생각하기 때문에, 다른
집단을 배척하거나 공격하는 모습을 보입니다. 이탈리아의 파시즘과 독일의 나치즘이 대표적입니다.

1922년, 쿠데타를 통해 이탈리아의 총리가 된 무솔리니는
파시스트 당원들이 의회를 장악할 수 있도록 새로운 선거법을
통과시켰습니다. 이로써 무솔리니의 독재 체제는 더욱
확고해졌습니다. 무솔리니의 이러한 권위적인 통치 방식은
오히려 이탈리아 국민의 환영을 받았습니다. 그동안
혼란스러운 사회에 시달려 온 국민들은 경제가 되살아나고
옛 로마 시대의 영광을 되찾을 수만 있다면 독재 정치라도
기꺼이 받아들일 수 있다고 생각한 것입니다.

집권에 성공한 무솔리니는 스스로를 '일 두체(Il Duce,
수령)'로 선포하는 등 자신을 미화하고 신성화하는 데
힘썼습니다. 이를 위해 가장 먼저 언론을 장악했는데,
당시 모든 언론인은 파시스트당의 허가를 받아야
했습니다. 그러던 중 1924년, 정부의 정책에 반대하는
지도자 마테오티가 암살되는 사건이 일어나고, 이에
충격을 받은 시민들이 시위를 벌이면서 무솔리니는
위기에 빠지게 됩니다. 그러나 무솔리니는 오히려 더욱
강력한 독재 권력을 휘두르는 방법으로 위기를 헤쳐나가고자
했습니다.

무솔리니 치하의 이탈리아에서는 모든 언론이 검열을
당했으며, 정권에 비판적인 시민들은 해를 입기도 했습니다.

무솔리니와 히틀러. 극단적인 민족주의와 전체주의가
이들 정책의 공통점입니다.

who? 지식사전

'검은 셔츠 단'으로 불린 무솔리니의 행동대
와 무솔리니

무솔리니의 최후

제2차 세계 대전에서 패배한 무솔리니는 독일군으로 위장해 스위스로 도주하다가
남부 이탈리아 유격대에 체포되어, 1945년 4월 27일 애인 클라라 페타치와 함께
총살당했습니다. 무솔리니의 시신은 밀라노로 보내져 거꾸로 매달린 채 로레타
광장에서 대중에 공개되었습니다.

무솔리니와 세계 대전

제2차 세계 대전 중의 베를린

독일과 이탈리아, 일본은 1936년에 협정을 맺고,
1940년에 독일 베를린에서 삼국 동맹을 체결했습니다.
이 협정에서 세 나라는 어느 한 나라가 공격을 받으면
모든 정치·경제·군사적 수단을 동원하여 돕겠다고
약속했습니다. 이 동맹으로 세 나라는 '추축국'을 형성하여
제2차 세계 대전을 일으켰습니다. 추축국이라는 말은
1936년 무솔리니가 "유럽의 국제 관계는 로마와 베를린을
연결하는 선을 추축(중심)으로 하여 변화할 것이다."라고
연설한 데서 유래했습니다. 제2차 세계 대전은 추축국과
미국·영국·프랑스 등의 연합국 사이에 일어난 전쟁입니다.
1939년에 독일이 폴란드를 침공하자 영국과 프랑스가 독일에
선전 포고를 하면서 일어났고, 1943년 9월에 이탈리아가,
1945년 5월에 독일이, 1945년 8월에 일본이 항복하면서
끝났습니다.
이 전쟁은 수천만 명의 목숨을 앗아 간 인류 역사상 가장 큰
피해를 남긴 전쟁이었으며, 전쟁이 끝나고 나서도 전 세계의
정치·경제·사회·문화 등 모든 분야에서 큰 변화가 생길
만큼 파괴력이 컸습니다.

일본에서 만든 삼국 동맹 선전 포스터

아돌프 히틀러

오스트리아에서 태어난 독일의 정치가로, 나치 독일의 최고 지위인 총통을 지냈습니다.
1919년에 독일 노동당(후에 나치)에 입당하여 1921년부터 당수를 지냈으며, 1933년에 독일
연방의 총리가 되고 그 이듬해 총통이 되었습니다. 우수한 독일 민족이 세계를 다스려야
한다고 주장하며 제2차 세계 대전을 일으켰고, 전쟁 중 수많은 다른 민족을 학살했습니다.
1945년 연합군의 공격에 밀려 베를린이 함락되기 직전에 자살했습니다.

히틀러의 연설 장면

7 마리아의 신념

당시의 교육법은 역사나 철학을 연구한 결과를 바탕으로 만들어진 것이었습니다. 그러나 마리아는 어린이들과 생활한 경험을 통해 교육법을 발전시켰습니다.

몬테소리의 교육법은 놀라워. 어쩌면 저렇게 모든 아이들이 즐겁게 교육에 참여할 수 있는 거지?

수많은 아이들을 가르친 경험을 바탕으로 만들어졌으니 그럴 수밖에.

몬테소리 선생은 관심과 사랑이 가장 좋은 교육이라는 진리를 몸소 실천하고 있어.

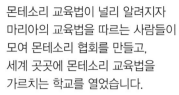
몬테소리 교육법이 널리 알려지자
마리아의 교육법을 따르는 사람들이
모여 몬테소리 협회를 만들고,
세계 곳곳에 몬테소리 교육법을
가르치는 학교를 열었습니다.

어린이를 우선으로 하는
나의 교육법이 널리
알려지는 것은 좋지만
이럴 때일수록
더 신중해야 해.

마리아는 어린이를
진심으로 사랑하고
긍정적으로 바라볼 수 있는
겸손한 교사를 원했습니다.

자칫하면 내 뜻이
잘못 알려질 수도
있으니까.

나의 생각을 가장 잘 알고
실천해 줄 수 있는 사람,
누가 있을까?

몬테소리 선생님,
편지예요!

마리아는 바쁜 중에도 클라라와
꾸준히 편지를 주고받으면서
소식을 전하고 있었습니다.

아, 클라라의
편지구나.

그래!

이렇게 심성이 고운 클라라가 사람들의 편견 때문에 마땅한 일도 찾지 못하고 혼자 외롭게 지내고 있다니……

클라라에게 아이들을 돌보게 하는 건 어떨까?

사랑하는 내 친구 클라라, 잘 지내니?

나는 요즘 무척 행복하단다. 아이들을 소중하게 여기는 나의 교육법이 이탈리아를 넘어 세계적으로 퍼져 나가고 있거든. 몬테소리 어린이집도 많이 세워졌어.

클라라, 난 의사라는 직업이 그립지 않아. 지금 하는 일에 자부심을 가지고 그 어느 때보다 열심히 일하고 있단다.

어머니,
다녀왔습니다!

그래, 마리오.
조금만 기다리렴.
같이 밥 먹자꾸나.

네, 손 씻고
올게요.

클라라, 얼마 전에
마리오를 집으로 데리고 왔어.
마리오는 정말 멋진 아이야.
빨리 네게 소개하고 싶어.

어머나!
정말 잘됐네.

네게 부탁이
있어, 클라라.

부탁?
마리아가 나한테?

새로운 어린이집에
아이들을 헌신적으로
보살필 선생님이 필요해.
내 생각에 클라라 너만큼
아이들을 사랑해 줄 사람은
없을 것 같아.

로마로 와서
새로운 어린이집을
운영해 주겠니?

고마워,
마리아.

나 로마로
갈게.

클라라는 어느 누구보다 아이들을 잘 돌보았고,
어린이집에서 보내는 시간을 행복해했습니다.

아이들이 클라라 선생님을 무척 좋아하는군요.

네, 클라라만큼 아이들에게 희망을 잘 가르칠 사람은 없을 거예요.

어머니, 이것 좀 보세요! 미국 샌프란시스코에서 초청장이 왔어요.

마리아는 어느새 세계가 주목하는 교육자가 되었습니다. 어린이 교육을 시작하는 사람들은 누구나 마리아의 교육법을 알고 싶어 했습니다.

그곳의 어린이집에서 어머니의 교육법을 배우고 싶대요.

그래? 미국이라면…….

새로운 문물을 적극적으로 받아들이는, 떠오르는 나라예요!

그곳에서도 어린이들의 가능성을 발견할 수 있다면 좋겠구나.

1915년, 마리아는 마리오와 함께 미국으로 떠났습니다.

나는 어린이들이 행복하게 생활할 수 있고, 강요와 처벌이 없는 학교를 원해요.

저 역시 박사님처럼 교육을 통해 더 나은 미래를 만들 수 있다고 믿고 있어요.

아이들이 즐겁게 따를 수 있는, 바람직한 교육을 보여 주세요. 샌프란시스코에 몬테소리 교육법으로 직접 지도하는 학교를 지어서 말입니다.

드디어 멀리 아메리카 대륙까지 어머니의 교육법이 알려지게 되었어요.

그래, 정말 기쁘구나.

이곳의 어린이들도 훌륭하게 자랐으면 좋겠어.

한편, 당시 이탈리아는 독재자 무솔리니가 정권을 잡고 있었습니다. 무솔리니는 국가의 이익을 위해서 개인의 개성은 무시될 수 있다고 믿었고, 폭력을 이용해 국민들의 자유를 억압했습니다.

평화로운 세상을 만들기 위해서는 올바른 교육이 필요합니다.

올바른 교육을 위해서는 아이들 각자의 개성과 흥미를 존중해야 하지요. 자유롭게 자신이 원하는 것을 교육받은 사람들이 모일 때, 비로소 평화로운 사회가 될 것입니다.

무솔리니는 자신과 반대되는 생각을 가진 마리아가 마음에 들지 않았습니다.

마리아 몬테소리! 이 여자를 어떻게 하면 좋지?

점점 더 우리와 다른 의견을 말하고 다니잖아?

몬테소리 교육법을 금지시켜야 되지 않을까요?

안 됩니다. 지금 이탈리아에는 몬테소리의 교육법을 따르는 사람이 너무 많아요.

맞습니다. 몬테소리 학교의 교사가 되려는 사람도 늘고 있어요.

몬테소리는 이미 세계적인 인물입니다.

일단 몬테소리를 만나 얘기해 봐야겠군.

그로부터 며칠 후 마리아는
충격적인 소식을 접하게 됩니다.

어머니,
이것 보세요.

어……떻게,
이럴 수가!

정부, 몬테소리 교육 기관
전면 폐쇄 결정!

어머니,
지금 이탈리아는
완전히 무솔리니의
손아귀에 있어요.

이대로 가다가는
어머니도 위험해질
거라고요.

그 순간, 마리아는 더 이상 이탈리아에
머물 수 없다는 것을 깨달았습니다.

마리아는 아들 마리오와 함께
조국을 떠나 인도로 *망명했습니다.

나를
필요로 하는 곳에서
새로운 교육을
시작해야겠다.

내가 태어나고 자란
이탈리아를 이렇게
떠날 수밖에 없다니……

*망명: 정치적인 이유로 자기 나라에서 박해받는 사람이 이를 피하기 위하여 외국으로 몸을 옮기는 일

어머니!

이탈리아는 이제
어린이 교육을 완전히
포기하려는 모양이에요.

그게
무슨 말이니?

몬테소리 협회에 있는
어머니의 책들을 모두
불태워 버렸답니다.

괜찮다.

책은 타도, 나의 교육법은
결코 사라지지 않아.
보란 듯이 더욱 열심히
나의 교육법을 알리겠다.

마리아는 어린이를 위한 교육자이며 사랑과 평화를 실천하는 사회 운동가로 널리 알려지게 되었습니다. 그러면서 그녀의 뒤에는 언제부터인가 '평화 운동가'라는 수식어가 붙었습니다.

마리아는 수십 년 동안 전 세계를 돌아다니며 자신의 생각을 알렸습니다. 그리고 올바른 교육을 통해 평화를 실천할 수 있도록 어린이를 위한 학문을 완성시키는 데에 온 힘을 쏟았습니다.

우리는 어린이들에게 더 나은 세계를 물려주어야 합니다. 그러기 위해서는 서로 싸우지 말고, 국경이 없는 하나 된 세계를 만들어야 합니다.

그런 노력을 높이 평가한 노벨상 재단에서는 마리아를 노벨 평화상 후보로 추천했습니다.

어머니가 올해 노벨 평화상 후보로 추천되셨어요.

나라 간의 벽을 허물어 전쟁을 막고 평화의 중요성을 알린 공로로요.

벌써 세 번째인데, 이번에도 사양하실 건가요?

그런데 어머니, 왜 노벨상을 받지 않으시려는 거예요?

그런 뜻있는 상은 나보다 더 훌륭한 사람이 받아야지.

세계 각국의 교육자들은 마리아가 만든 어린이집의 성과를 높이 사며 몬테소리 교육법을 널리 퍼뜨렸고, 마리아의 교육 이론은 세계 여러 나라에 빠르게 알려져 '몬테소리 운동'이 일기 시작했습니다.

몬테소리 학교와 몬테소리 협회는 세계 각지에서 운영되었습니다. 마리아는 세계 여러 나라를 여행하면서 많은 강연을 하고 자신의 뜻을 담은 수많은 책을 써서 몬테소리 교육법을 알렸습니다.

감사합니다.

영국에서 150명이 넘는 교사를 대상으로 자신의 교육 철학을 열정적으로 알린 이 강연은 마리아의 마지막 모습이 되었습니다.

마리아는 1952년 5월 6일, 여든두 살의 나이로 네덜란드 노르트바이크안 제에서 생을 마치고 그곳의 가톨릭 묘지에 잠들었습니다.

마리아 몬테소리의 묘비에는
'친애하는 모든 어린이들이 세계 평화와
인류를 위해 하나가 되기를 바란다.'
라고 쓰여 있습니다.

어린이를 하나의 인격체로 생각하고,
숨겨진 가능성을 발견하기 위해
평생을 노력했던 마리아 몬테소리.
그녀의 교육 철학은 100년이 지난 지금까지
전 세계에서 사용되며 높이 평가받고 있습니다.

who?와 함께라면 미래가 보인다

어린이
진로 탐색

교육학자

어린이 친구들 안녕?
마리아 몬테소리 이야기 재미있게 읽었나요?

그렇다면 이제부터
마리아 몬테소리가 꿈을 키워가는 과정을 함께 되짚어 보며
그가 활동한 분야와 그 분야에 속한 다양한 직업에 대해
살펴봐요!

또한 여러분에게는 어떤 장점과 적성, 가능성이
숨어 있는지 찾아보면서
그것을 어떻게 진로와 연결시킬 수 있는지에 대해서도
알아봅시다!

그럼 지금부터
여러분이 멋진 꿈을 향해 나아갈 수 있도록 도와줄
진로 탐색을 시작해 볼까요?

자기 이해부터
진로 체험까지,
다양한 진로 탐색
활동을 시작해 봐요!

진로
탐색
STEP 1

내가 곤란했던 경험은?

몬테소리가 살았던 시대에는 여자가 사회에서 할 일이 없다고 생각했어요. 특히
의사는 남자의 직업이라고 생각했기 때문에 마리아는 의사가 되기 위해 많은 반대에
부딪혔지요. 하지만 그녀는 여자라서 할 수 없는 일은 없다고 생각했고, 결국 최고
점수를 받으며 의과 대학을 졸업하여 이탈리아 최초의 여자 의사가 되었어요.
여러분도 꼭 하고 싶은 일이지만 주변 사람들의 편견이나 반대에 부딪혀 곤란했던
경험이 있었나요? 그런 상황에서 나는 어떻게 했는지, 혹은 어떻게 행동했으면
좋았을지 생각해 보세요.

주변의 반대에 부딪힌 상황	나의 반응은?
피아노를 배우고 싶었지만 엄마는 공부할 시간이 줄어들 것 같다며 반대하는 상황	쉬는 시간에 내가 좋아하는 피아노를 칠 수 있다면 공부에도 더 잘 집중할 수 있을 것 같다고 엄마를 설득했어요.

180

내가 아는 교육 방법은?

몬테소리가 살았던 시대에 가난한 집안의 아이들은 학교에 다닐 수 없었어요.
수업을 듣는 대신 집안일을 돕거나 방치되기 일쑤였지요. 그래서 몬테소리는 그러한
아이들을 위하여 어린이집을 만들었어요.

현재 우리나라는 초등학교에서 중학교까지 9년 동안 의무적으로 학교에 다니게 되어
있어요. 이러한 의무 교육 외에도 학생들은 가정이나 학원, 인터넷 등을 통해 여러
가지 교육을 받는답니다. 여러분이 직접 경험하거나 친구를 통해서 들은 교육 방법에
대해 알아보세요.

학교

자격이 있는 선생님이 정해진
과목을 가르치는 곳이에요. 공부
말고도 사회관계나 생활 규범에
대해 배울 수 있어요.

학원

학교에서 배우는 정규 교육의
수업을 보충하여 가르치는
곳이에요. 학교에서는 가르치지
않는 분야를 가르치기도 해요.

온라인 교육

가정교육

＊ 조사한 교육 기관이나 교육 방법 중 하나를 골라 내가 생각하는 장점과 단점을 적어
보세요.

좋은 선생님의 조건은?

몬테소리는 제대로 배울 수 있는 환경만 만들어 준다면 아이들이 즐겁게 놀면서 스스로의 재능을 발견할 수 있다고 생각했어요. 또 모든 어린이는 평등하며 각자의 재능을 가지고 있다고 믿었지요. 이런 신념을 갖고 있었기에 몬테소리는 아이들의 재능을 키워 주는 뛰어난 선생님이 될 수 있었어요.

좋은 선생님은 어떤 자질이나 생각을 갖고 있어야 한다고 생각하나요? 선생님들을 떠올리면서 아래의 질문에 답해 보세요.

✳ 지금까지 만난 선생님 중 가장 좋은 선생님은 어떤 분이었나요?

✳ 어떤 점이 좋았나요?

✳ 좋은 선생님의 조건은 무엇인가요?

1. 학생이 무엇을 잘하는지 눈여겨보고 칭찬을 많이 해 주어야 합니다.

2.

3.

4.

5.

**진로
탐색
STEP 4**

다른 나라의 교육 방법을
알아보아요

나라의 교육 제도는 저마다의 역사와 문화 그리고 어린이를 대하는 국민의 자세나 생각에 따라 달라집니다. 그렇기 때문에 나라마다 교육 제도나 교육 방법은 다를 수밖에 없지요. 그래서 몬테소리는 당시에 개방적인 미국으로 넘어가 자신의 교육법을 강연하기도 했습니다.

다른 나라의 교육은 우리나라와 어떻게 다를까요? 같은 점과 다른 점을 정리하고, 느낀 점을 써 보세요.

프랑스	나라 이름:
같은 점: 대학교에 들어가려면 시험을 봐야 해요.	**같은 점:**
다른 점: 우리나라는 객관식 위주의 수학능력시험을 보는데 프랑스는 바칼로레아라는 시험을 봐요. 주관식이며 꼭 하나의 철학 문제를 풀어야 해요.	**다른 점:**
느낀 점: 철학과 토론을 즐기는 문화인 프랑스에서 고등교육을 받기 위해서는 철학적 교양이 필요하다는 것을 보여주는 제도인 것 같습니다.	**느낀 점:**

183

내가 꿈꾸는 어린이집은?

몬테소리는 가난한 집안에서 아이를 믿고 맡길 수 있는 어린이집 '카사 데이 밤비니'를 만들었습니다. 그녀는 어린이집에 넓고 햇볕이 잘 드는 공간과 작은 정원이 있으면 좋겠다고 생각했어요. 만약 여러분이 어린이집을 만든다면 어떻게 만들고 싶은가요? 미래의 어린이집 원생을 모집하는 광고를 만들어 보세요.

어린이집 학생 모집

내가 만들 어린이집의 모습을 그려 보아요.

✳ 이런 아이들이 다니기에 좋아요!

✳ 아이들은 이러한 교육을 받아요!

우리나라 교육의 역사를
알 수 있는 서울교육박물관

서울시 종로구에 위치한 서울교육박물관은 1995년에 개관한 교육 전문
박물관입니다. 서울교육박물관은 우리나라 교육 제도가 어떻게 바뀌어 왔고,
시대에 따라 어떤 것을 배워 왔는지를 알 수 있는 자료를 13,000여 점이나 가지고
있어요. 그중 교육의 발전 모습을 한눈에 살펴볼 수 있는 약 1,300여 점을 전시하고
있답니다.

서울교육박물관은 삼국 시대부터 현재에 이르기까지 시대를 다섯 부분으로 나누어
구성되어 있어요. 첫 번째 '전통기'에서는 삼국 시대부터 조선 시대까지의 선비들이
어떻게 공부했는지 알 수 있어요. 옛 문방구와 책, 책상, 등잔 등이 전시되어
있습니다. 두 번째 '개화기'에는 조선 시대 말 나라의 문이 열리고 근대식 학교가
세워진 시기의 자료들이 있습니다. 안경, 축음기, 풍금 등 서양에서 들어온 여러 가지
물건들과 선교사들에 의해서 쓰인 교과서도 있지만, 우리의 전통과 역사를 지키기
위한 노력이 돋보이는 책들도 있답니다.

세 번째 '민족저항기'에서는 일제 강점기에 한국어를 사용하지 못하게 한 일본의
감시를 피해 우리의 말과 글을 어떻게 배웠는지를 알 수 있어요. 또 '해방과
6·25전란기'에서는 전쟁 전후의 교과서 등을 볼 수 있지요. 마지막 '교육과정기'에는
7차에 걸쳐 개정된 교과서와
문방구 등이 전시되어
있어요.

서울교육박물관에서
시대의 변화에 따라
바뀌어 온 교과서를 비롯한
교육 자료 들을 직접
보고, 현재의 우리나라
교육이 어떤 과정을 거쳐서
만들어지고 다듬어진
것인지 생각해 보세요.

서울교육박물관에서는 우리나라 교육이 어떻게 발전해 왔는
지를 살펴볼 수 있습니다. ⓒ 문화포털 기자단 김진흥

마리아 몬테소리

1870년		8월 31일, 이탈리아의 안코나에서 태어납니다.
1883년	13세	기술 학교에 입학합니다.
1890년	20세	로마 대학의 의과 대학에 진학합니다.
1896년	26세	이탈리아 여성 최초로 의학 박사 학위를 받습니다.
1897년	27세	로마 대학 병원에서 장애 아동을 돌보며 지적 장애아에 관심을 가지게 됩니다.
1898년	28세	아들 마리오가 태어납니다.
1900년	30세	지적 장애아를 위한 교육법을 연구하고 발표합니다.
1901년	31세	로마 대학으로 돌아가서 교육학을 공부합니다.
1907년	37세	산 로렌초가에 첫 번째 어린이집 '카사 데이 밤비니'를 세웁니다.
1908년	38세	메시나 지진으로 고아가 된 60여 명의 아이들을 보살피고 교육시킵니다.
1911년	41세	아들 마리오를 데려옵니다.

1915년	45세	아들 마리오와 함께 미국으로 강연 여행을 떠납니다.
1929년	59세	몬테소리 교육법을 세계에 퍼뜨리기 위해 덴마크에 '국제 몬테소리 협회'를 세웁니다.
1934년	64세	무솔리니가 이탈리아 안에서 몬테소리 교육을 금지하자, 이탈리아를 떠납니다.
1939년	69세	인도에 머물며 강연 활동을 합니다.
1949년	79세	노벨 평화상 후보로 추천되지만 사양합니다. 이후 1950년과 1951년에도 수상자로 추천되지만 사양합니다.
1951년	81세	런던에서 몬테소리 교육법에 대한 마지막 강연을 합니다.
1952년	82세	5월 6일, 네덜란드 노르트바이크안 제에서 세상을 떠납니다.